Herwig Schön

# Inneres Üben

Copyright: © 2019 RCT Publishing
Lektorat: Erik Kinting / www.buchlektorat.net
Umschlag: Herwig Schön
Grafiken: Michael Stack

Verlag und Druck:
tredition GmbH
Halenreie 40-44
22359 Hamburg

Bibliografische Information der Deutschen Nationalbibliothek:
Die Deutsche Nationalbibliothek verzeichnet diese Publikation in der Deutschen Nationalbibliografie; detaillierte bibliografische Daten sind im Internet über http://dnb.d-nb.de abrufbar.

# Widmung

Dieses Buch ist allen meinen Lehrern gewidmet. Sie haben es auf sich genommen, mir dabei zu helfen, mehr und mehr so zu werden, wie ich wirklich bin. Sie haben mich gelehrt, die Wahrheit von der Lüge zu unterscheiden und die Unwahrheiten zu durchschauen, die ich mir zurechtgelegt habe. Aufgrund dessen bin ich Tag für Tag mehr in der Wahrheit und lebe sie. Mir ist klar geworden, dass der einzige Weg, das zu ehren, was mir zuteilgeworden ist, darin besteht, es an andere, die auch die Wahrheit suchen, weiterzugeben.

Meine Dankbarkeit Euch gegenüber ist unbeschreiblich.

# Inhalt

# Einleitung

Willst Du körperlich fit sein, musst Du Dich sportlich betätigen. Möchtest Du ein Klavierkonzert von Chopin spielen, weißt Du, dass Du jahrelang intensiv Klavierspielen üben musst. Aber wie sieht es damit aus, intelligent zu sein, Erfolg im Leben zu haben, ein erfülltes Leben zu führen und mit Dir selbst im Reinen zu sein? Wie steht es damit, die allerbeste Version von Dir selbst zu sein und dieses in Deinem Leben vollkommen zum Ausdruck zu bringen, Deine Einzigartigkeit, wie ein wunderschönes Kunstwerk? Die meisten Menschen glauben, dass einem diese Dinge gegeben seien oder eben nicht. In diesem Text zeige ich Dir, dass Du alles oben Erwähnte erlernen kannst, so wie Du Mathematik, eine Sprache oder Klavierspielen lernen kannst. Ich stelle dar, dass diese Fähigkeiten von spezifischen Kompetenzen abhängen, die Du erwerben kannst, wenn Du das willst – unabhängig davon, von welchem Hintergrund Du kommst oder wie alt Du bist.

# 1. Kreation

Zunächst müssen wir verstehen, wer wir sind und über welche Kräfte wir gebieten. Wir müssen begreifen, wie das, was in unserem Leben ist, entsteht, um zu erfassen, wie es verändert werden kann. Um uns miteinander diesem Thema anzunähern, werde ich die Dinge nicht Schicht um Schicht enthüllen, sondern sofort zum Ursprung all dessen gehen, was in Deinem Leben ist.

Menschen ist eine enorme Kraft gegeben und mit dieser Kraft können sie mittels Energie alles erschaffen, was immer sie wollen. Diese Kraft ist allumfassend und scheint immer aktiv zu sein. Meinen Beobachtungen zufolge kreieren wir alles, was wir in unserem Leben haben, alles, was wir erfahren. Dieses Kreieren geschieht entweder bewusst oder es kommt aus unserem Unterbewussten. Scheinbar ist es nicht die Frage, ob wir erschaffen oder nicht, sondern aus welchem Teil von uns dies geschieht. Sind wir in der Lage, bewusst zu entscheiden was wir kreieren, oder widerfahren uns diese Dinge einfach nur, als Kreationen, basierend auf einem Inhalt in unserem Unterbewusstsein, dessen wir uns per Definition nicht bewusst sind?

Der Prozess der Kreation ist recht einfach. Die Inhalte in Deinen Gedanken, oder in anderen Worten: Deinem mentalen System, bestimmen den Inhalt dessen, was Du erschaffst. Die Emotionen, die mit einem bestimmten Inhalt einhergehen, geben dazu die Energie. Sobald ein bestimmter Inhalt einen Abdruck von hinreichender Klarheit in Deinem Mentalkörper hinterlassen hat und ausreichend mit Energie aufgeladen ist, durch die ihn begleitende Emotion, wird er sich unweigerlich in Deinem Leben entweder als etwas Materielles oder als Erfahrung manifestieren.

Stell Dir vor, Du wachst eines Tages mit dem Wunsch nach einem fabrikneuen Mercedes SL 550 auf. Allein die Idee, diesen Wagen zu besitzen, erfüllt Dich mit Freude. Du siehst Dich an seinem Steuer sitzen, Du bringst jedes Detail in Erfahrung und gehst zu einem Autohaus, um eine Probefahrt zu machen. Du machst Dir Gedanken darüber, wie sich der Wagen finanzieren lässt etc. An einem gewissen Punkt wirst Du feststellen, dass sich Dir viele Türen öffnen, die Dir dabei helfen, Dein Ziel zu erreichen, und dass es fast wunderbar leicht wird, dieses Auto zu kaufen. Alles auf der Welt scheint sich zu fügen, um Dich dabei zu unterstützen, genau Deinen Traumwagen zu bekommen.
Dein inneres Bild von dem roten SL 550 ist der Inhalt Deiner Kreation. Die Freude zu wissen, dass er eines Tages unvermeidlich Dir gehören wird, liefert die Energie. Sobald dieser Inhalt einen hinreichend klaren Abdruck im Mentalkörper erzeugt hat und mit genügend Energie aufgeladen ist, wird Dir dieses Fahrzeug gehören und sei es, dass jemand bei Dir klingelt, Dir die Schlüssel überreicht und Dir das Fahrzeug schenkt. Ich habe solche Manifestationen tatsächlich schon beobachten können.

Aus dem bereits Erwähnten wird deutlich, dass ein flüchtiger Gedanke, begleitet von sich stets wandelnden Gefühlen, nicht in der Lage ist, die nötige Klarheit herzustellen und die entsprechende Energie anzusammeln, um etwas zu manifestieren. Normalerweise müssen sowohl derselbe Inhalt als auch das Gefühl eine gewisse Zeit präsent sein, sonst stellt sich eine Manifestation aufgrund mangelnder Klarheit und Energie nicht ein.

Dies ist ein Beispiel für eine Manifestation aus dem Bewussten. Aber wie sieht es mit den unangenehmen Dingen im Leben aus, wie Schmerz, Verlust etc.? Es ist klar, dass wir Schmerz nicht bewusst kreieren. Niemand wacht morgens mit dem Gedanken auf: *Also heute werde ich mir einen schönen, starken Kopfschmerz kreieren, am besten zusammen mit Übelkeit.* Ein Inhalt, der so etwas gestaltet, befindet sich ebenfalls in den Gedanken, jedoch in einem Teil unserer Gedankenwelt, derer wir uns nicht bewusst sind. Dasselbe trifft für die Emotion zu, die diesen bestimmten Inhalt mit Energie auflädt und ihn so manifestiert. Die Frage ist: Wie gelangen diese Art Inhalte und die dementsprechenden Emotionen ins Unterbewusste?

Stell Dir vor, es gibt in Deinem Leben eine Person, mit der Du eine innige Beziehung führst. Du vertraust ihm oder ihr hundertprozentig und dieser Person gegenüber öffnest Du Dich völlig. Dann missbraucht diese Person Dein Vertrauen. Wie viele von uns wissen, kann der daraus resultierende Schmerz sehr, sehr stark sein. Nun gibt es zwei Möglichkeiten, wie sich diese Situation innerhalb des Betroffenen entwickeln kann.

a) Der Betroffene ist in der Lage, der Situation zu begegnen und mit ihr zu sein. Es wird eine Zeit lang sehr weh tun, aber dann wird der Schmerz immer geringer und die Erfahrung wird integriert, ohne Wunden zu hinterlassen.

b) Oder er ist nicht in der Lage, diese Emotion zuzulassen, weil sie einfach zu stark ist. In diesem Fall setzt ein Selbstschutzmechanismus der Psyche ein, über den jeder Mensch verfügt. Dieser Mechanismus wird automatisch ausgelöst und bewirkt das Folgende:

1) Die Emotion muss aus dem Bewusstsein verschwinden. Das ist sehr wichtig, denn sonst kann diese Person in ihrem Leben nicht funktionieren und ist möglicherweise irgendwann emotional oder mental beeinträchtigt. Um das zu erreichen, wird die emotionale Energie, die durch dieses Ereignis entsteht, energetisch verkapselt und sowohl im emotionalen als auch im physischen Körper eingelagert. Das führt dazu, dass der Betroffene keine Erinnerung mehr an das Geschehen hat, insbesondere wie er sich dabei gefühlt hat. Wenn ich beispielsweise bei Patienten bemerke, dass sie kaum Erinnerungen an ihre Kindheit haben, kann ich davon ausgehen, dass beachtliche emotionale Traumen vorliegen.

2) Da das innere System diesen emotionalen Zustand als Bedrohung für sein Überleben ansieht, interpretiert der mentale Aspekt der Psyche diese

Erfahrung in einer Weise, die verhindern soll, dass so etwas jemals wieder passiert. In diesem Beispiel lautet das einfach: *Erlaube nie wieder jemandem, Dir so nahe zu kommen!*

3) Spätestens nachdem dieser Prozess abgeschlossen ist, sinkt der ganze Komplex, der von dem Selbstschutzmechanismus der Psyche erzeugt wurde, in das Unterbewusste ab.

Bitte sei Dir darüber im Klaren: Allein die Tatsache, dass Du Dich an ein bestimmtes Ereignis in Deinem Leben erinnern kannst, heißt nicht unbedingt, dass dieser Selbstschutzmechanismus nicht eingesetzt hat. Nur dann, wenn Du auch Zugang zu den Emotionen dieses Ereignisses hast, in ihrer ganzen Intensität, oder wenn dieser Selbstschutzmechanismus nicht mehr angerührt wird, wenn Du daran denkst, dann ist er für dieses Ereignis nicht mehr vorhanden.

Diese Selbstschutzmechanismen sind etwas komplexer als hier dargestellt, doch für unser Thema haben wir alle Information, die wir brauchen. Für Interessierte habe ich diesen Prozess eingehender in dem Buch *Reconnective Therapy – Ein neues Paradigma der Heilkunde* dargestellt. Darüber hinaus beschreibe ich dort, wie diese Dinge durch das Unterbewusste geheilt werden können, durch einen Prozess, den ich *Reconnective Therapy* nenne.

In diesem Buch werden wir erkunden, was Du dazu beitragen kannst, diese Heilung selbst in Gang zu bringen.

Sei Dir bewusst, dass jeder Mensch über diese Selbstschutzmechanismen in seinem System verfügt. Sie werden durch die Intelligenz von höher schwingenden Aspekten unseres Selbst kontrolliert und entziehen sich daher der Kontrolle unseres Bewusstseins. Ist Dein Bewusstsein so weit entwickelt, dass Du diese Mechanismen beherrschen kannst, dann brauchst Du sie nicht mehr.

In unserem Beispiel ist im Unterbewusstsein nun der Gedanke verankert, dass Nähe sehr gefährlich ist. Dieser Gedanke bekleidet den Rang einer sehr kraftvollen Überzeugung, etwas, von dem ein Teil der Persönlichkeit mit absoluter Sicherheit weiß, dass es wahr ist. Die Emotion, die diesen Gedanken begleitet, ist das absolute Wissen, dass dies so ist, zusammen mit der Intensität des ursprünglichen Schmerzes. Wir haben also einen festgelegten Inhalt, der unverändert bleibt, und eine starke Emotion, die genügend Energie für eine Manifestation bereitstellt. Wie wir wissen, wird sich der Inhalt, sobald er einen hinreichend klaren Abdruck im Mentalkörper hinterlassen hat und mit genügend Energie aufgeladen ist, als Erfahrung in der materiellen Welt manifestieren. Diese Manifestation wird ein weiterer Vertrauensbruch sein. Im Prinzip kreieren wir so aus unserem Unterbewussten heraus.

Zum ersten Mal fiel mir dieses Phänomen zu Beginn meiner Karriere als Heilpraktiker auf, als Patienten zu mir kamen, die zu Unfällen neigten. Zuerst glaubte ich, sie seien einfach nur unbeholfen oder unkonzentriert, doch dann begegnete ich Menschen, die immer wieder nur ganz bestimmte Arten von Unfällen hatten.

Ich erinnere mich an einen Patienten, der sich immer am Kopf verletzte und einen anderen, der ständig Unfälle mit den Knien hatte. Dann gab es eine Patientin, die ausschließlich Verbrennungen hatte oder eine andere, die sich ständig schnitt – das waren die einzigen Missgeschicke, die diese Menschen hatten.

Dank meiner wissenschaftlichen Denkweise wurde mir klar, dass dies keine Zufälle sein konnten. Mir fiel auf, dass diese Patienten eine Prägung in ihrem Energiekörper aufwiesen, die diese Arten von Erfahrungen anzog.

Den Inhalt dieses Kapitels sehe ich als grundlegende Struktur, wie jeder Mensch alles, was in seinem Leben geschieht, kreiert.

Da es in diesem Text darum geht, wie Du Dir der Gedanken und Gefühle bewusst werden kannst, die Deine Lebenserfahrungen kreieren, und wie Du innerhalb dieser Gedanken und Gefühle die Freiheit erfahren kannst zu kreieren, was immer Du erleben willst, werde ich nicht näher auf den Prozess des Erschaffens eingehen, da es diesem Zweck nicht dienen würde. Die Beschreibung des Prozesses des Manifestierens könnte leicht ein ganzes Buch füllen, aber für unsere Zwecke haben wir jetzt alles, was wir brauchen.

# 2. Muster und das Gehirn

In diesem Kapitel geht es um das Verhältnis von Gedanken und Emotionen mit dem Gehirn. Ich werde darstellen, wie der Selbstschutzmechanismus der Psyche dazu führen kann Verhaltensweisen und Gewohnheiten auszubilden, die mit der Zeit zu bestimmten Strukturen innerhalb der neuronalen Vernetzung im Gehirn führen kann. Dies ist deshalb wichtig zu verstehen, weil es einer bestimmten Struktur innerer Übung bedarf, um dem Gehirn die Möglichkeit zu geben, sich gemeinsam mit den Gewohnheiten des Denkens und Fühlens zu verändern.

Definition: Eine Gewohnheit ist etwas, das wir immer wieder machen, denken oder fühlen einfach nur aus dem Grund, weil wir es so gewohnt sind. Gewohnheiten kann man einfach durch Disziplin verändern und eine Gewohnheit durch eine andere ersetzen. Stell Dir vor, Du hast eine Treppe in Deinem Haus und Du setzt immer den linken Fuß auf die erste Stufe wenn Du sie hinaufgehst. Das kannst Du einfach dadurch ändern, dass Du darauf achtest statt des linken Fußes den rechten Fuß zuerst auf die Stufe zu tun. Wenn Du das lange genug machst, dann wird das die neue Gewohnheit werden. Beachte, dass reine Gewohnheiten keine Beteiligung von Emotionen oder Anhaftungen haben.

Ein Muster nennen wir etwas, dass wir immer und immer wieder tun, denken, fühlen und auch anziehen als Erlebnis. Die treibende Kraft eines Musters sind Gedanken und Gefühle, die Kreation geworden sind. Muster kannst

Du nicht durch Disziplin ändern, dadurch, dass Du Dinge anders machst weil die Kraft der Kreation sehr viel stärker ist als die des Tuns.

Schauen wir unser obiges Beispiel an, die Energie des Betrugs kann nicht dadurch verändert werden, dadurch, dass Du Dinge anders machst wie z.B Dich zu zwingen anders zu denken oder achtsamer zu sein in welche Geselschaft Du Dich begibst. Die Kreation wird aktiv bleiben und das ihr ähnliche solange und immer wieder anziehen, bis die ihr zugrunde liegenden Gedanken und Gefühle transformiert sind.

Fehlendes Unterscheidungsvermögen zwischen Gewohnheiten und Mustern führt dazu, dass sehr viele Menschen, die sehr hart daran arbeiten etwas zu verändern, von dem sie denken, dass es eine Gewohnheit ist, irgendwann aufgeben, weil Resultate, wenn überhaupt vorhanden, nur für kurze Zeit da sind.

Stellen wir uns vor, die Person aus unserem Beispiel lebt mit dem Trauma des Vertrauensbruchs und den daraus resultierenden Selbstschutzmechanismen viele Jahre. Jedes Mal, wenn der Betroffene jemandem begegnet, der ihm näherkommt, wird in ihm die Überzeugung getriggert, wie gefährlich Vertrautheit doch sei. Es ist nicht viel nötig, um diese Furcht zu aktivieren, vielleicht passiert das sogar mehrmals am Tag. Die Art und Weise, wie sich dieser Vorgang anfühlt und die Angewohnheit, diesen Emotionen aus dem Weg zu gehen, führen zur Entwicklung bestimmter Verhaltensweisen. Sie gehen dem Betroffenen in Fleisch und Blut über, er gewöhnt sich so sehr daran, dass er sie schließlich als solche nicht mehr wahrnimmt, sondern sich mit ihnen identifiziert. *So bin ich nun mal,* denkt er sich oder: *Das bin ich.* Wenn Du einmal davon überzeugt bist *etwas* zu sein, dann kann sich dieses Etwas nicht mehr verändern, denn für Dich ist das dann etwas, das Du bist.

Eine der manchmal schockierenden und doch so befreienden Erfahrungen der *Inneren Übung* bestehen darin, dass Du Dir plötzlich dessen bewusst wirst, dass bestimmt Annahmen über Dich selbst gar nichts damit zu tun haben wer Du bist, sondern dass es Gewohnheiten sind, die auf Überzeugungen basieren, die wiederum durch Selbstschutzmechanismen entstanden sind. Diese sollten Dich vor Emotionen schützen, denen Du zu einer gewissen Zeit nicht gewachsen warst.

Bleiben wir bei unserem Beispiel: Die Person, deren Selbstschutzmechanismus sie davor schützt, anderen nahe zu sein, kann daraufhin bestimmte Angewohnheiten entwickeln. Sie kann distanziert, gemein oder wütend sein. All diese Persönlichkeitsmerkmale sorgen dafür, dass Menschen ihr nicht zu nahe kommen. Man darf dabei nicht vergessen, dass diese Reaktionen von dem Selbstschutzmechanismus ausgelöst werden, der im Prinzip ein Automatismus ist, was heißt, dass es nicht Sache des Bewusstseins ist zu entscheiden, ob der Mechanismus aktiviert wird oder nicht. Nach einer gewissen Zeit werden die resultierenden Reaktionen zu Angewohnheiten, und verstreicht noch mehr Zeit, akzeptiert der Betroffene diese als Persönlichkeitsmerkmal: *So bin ich nun einmal.*

Das Gehirn ist ein riesiges Netzwerk, das aus ca. 100.000.000.000 Neuronen besteht. Jede dieser Neuronen kann mit anderen Neuronen bis zu 500.000 Verknüpfungen bilden. Dadurch ist das Gehirn viel leistungsstärker als alle Computer, die der Mensch konstruieren kann. Vielen Menschen ist das nicht klar, weil sie nur einen winzigen Bruchteil der Möglichkeiten ihres Gehirns nutzen. Zu einem der Gründe, warum das so ist, kommen wir gleich.

Als ich meine medizinische Ausbildung abschloss, herrschte in der Wissenschaft die Überzeugung vor, dass die internen Verbindungen der Neuronen des Gehirns im Alter von sieben bis acht Jahren abgeschlossen sind, von externen Stimuli ausgelöst werden und sich im Laufe des Lebens nicht mehr ändern würden.
Mittlerweile weiß man, dass diese Annahme nicht zutrifft, sondern dass die internen Verbindungen im Gehirn durch bestimme Erfahrungen und innere Praktiken, wie beispielsweise Meditation, verändert werden können.

An dieser Stelle möchte ich einen Blick auf die Beziehung zwischen Emotionen und Gedanken mit dem Gehirn werfen. Die meisten Menschen nehmen an, dass sie mit ihrem Gehirn denken, denn sie haben das Gefühl, dort würden Gedanken zum ersten Mal auftreten. Meiner Beobachtung nach ist ein Gedanke etwas Immaterielles, er ist Energie. Diese bestimmte Energie stammt von einem Ort im energetischen Raum, den wir den *mentalen Raum* nennen. Der Mentalkörper eines Menschen ist der Teil des Energiekörpers, der alle seine Gedanken enthält, bewusste sowie unterbewusste. Das Gehirn ist quasi die Antenne für diese bestimmte Energie. Die allermeisten Menschen haben kein Bewusstsein für Gedanken als reine Energie. Erst dann, wenn diese vom Gehirn aufgefangen werden und sich als elektromagnetische Impulse manifestieren, werden sie bewusst als Gedanken wahrgenommen.

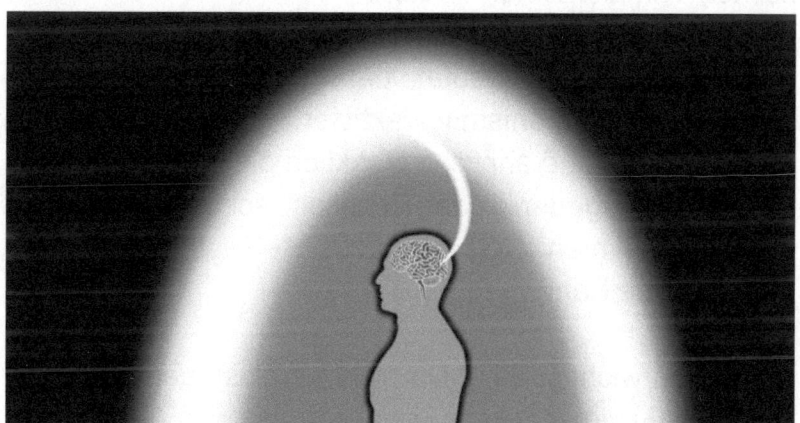

*Abb. 1: Gedanken werden vom Gehirn empfangen.*

Der mentale Raum enthält Gedanken unterschiedlicher Frequenz. Man kann zum Beispiel sagen, dass der Gedanke des Mitgefühls eine vergleichsweise höhere Schwingung hat als ein Gedanke, der sich mit Zerstörung beschäftigt.

In unserem obigen Beispiel aktiviert das Gehirn jedes Mal, wenn unser Betroffener einen Gedanken an Nähe zu einem anderen Menschen empfängt, die Überzeugung, dass davon eine große Gefahr ausgeht. Dadurch wird in seinem System eine bestimmte Reaktion ausgelöst. Das kann alles sein: von der Kreation von Überzeugungen, wie schrecklich Nähe sein kann, bis hin zu Emotionen wie Unbehagen oder Angst. Hat der Betroffene nicht gelernt, mit dieser Art innerem Zustand umzugehen, wird er ihn entweder flugs unterdrücken oder er wird eine emotionale Reaktion wie Wut oder irgendeine Art dramatischen Verhaltens hervorrufen.

Im Laufe der Zeit werden diese Reaktionen zu Angewohnheiten, was bedeutet, dass jedes Mal, wenn der Selbstschutzmechanismus aktiviert wird, unweigerlich dieselbe oder eine ähnliche Reaktion einsetzt. Jede emotionale oder gedankliche Reaktion schlägt im Gehirn einen bestimmten Weg ein; dieselbe Reaktion nutzt immer dieselbe Bahn.

Hier ist es wichtig, dass Du nicht vergisst, dass wir nicht mit dem Gehirn denken, sondern dass das Gehirn Gedanken aus dem mentalen Raum als Energie empfängt. Die Verarbeitung von Gedanken hinterlässt in den Signalbahnen im Gehirn Spuren. Je länger eine bestimmte Angewohnheit im Gehirn Spuren hinterlässt, desto ausgeprägter sind diese. Gewohnheitsmäßiges Verhalten erschafft im Gehirn so etwas wie eine zehnspurige Autobahn ohne Aus- und Auffahrten. Diese Prägung reflektiert genau das, was in den Gedanken einer Person abläuft.

Das bedeutet, dass die Angewohnheit nicht nur in den Gedanken und Emotionen existiert, sondern auch physisch in der Struktur des Gehirns.

Sei Dir bewusst, dass Angewohnheiten es im Allgemeinen nicht zulassen, dass sich ein bestimmtes Verhalten ändert. Viele unserer Angewohnheiten sind uns nicht bewusst, und sollten wir sie doch bemerken, so sind wir davon überzeugt, dass sie unser Wesen ausmachen. Sobald sie uns bewusst werden und wir beschließen sie loszuwerden, stellen wir fest, dass wir gegen einigen Widerstand angehen müssen. Dieser Widerstand basiert zum Teil auf der Gehirnstruktur. Hier kann es Zeit und Beständigkeit in der Übung brauchen, diese zu verändern.

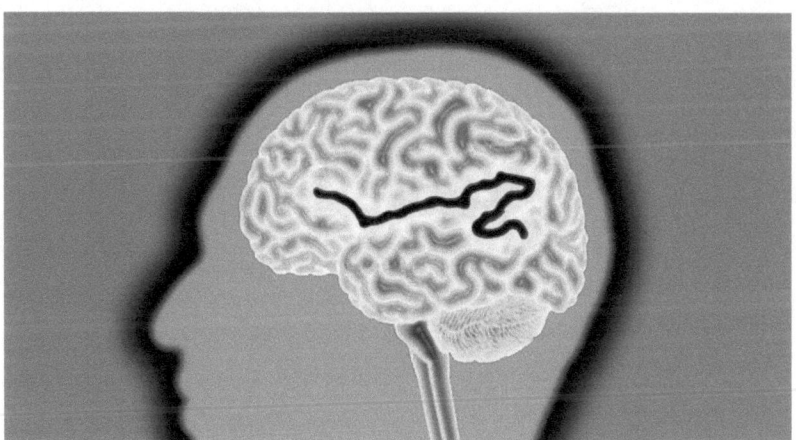

*Abb.2: Muster hinterlassen einen Abdruck im Gehirn.*

Das ist der Grund, warum *Innere Übung* auf eine bestimmte Weise strukturiert sein muss, damit sich das Gehirn zusammen mit den Gedanken und Gefühlen verändern kann, ansonsten können sich zwar die Gedanken und Gefühle ändern, das Gehirn aber nicht. Da dieses jedoch durch bestimmte Muster und Angewohnheiten geprägt ist und es sein kann, dass diese Prägungen erhalten bleiben, können sie dafür sorgen, dass Du, trotz mentalen und emotionalen Fortschritts, immer wieder, wie von einem Gummiband gezogen, in dieselben Verhaltensweisen zurückfällst.

# 3. Prägung des Gehirns und der Gene durch die Umwelt

Bevor wir uns diesem Thema widmen, geht es zunächst um Energie. Den Gesetzen der Physik zufolge bedarf es einer Kraft, um materielle Dinge zu bewegen. Dies ist sowohl ein physikalisches Grundgesetz als auch gesunder Menschenverstand – wir erleben es jeden Tag. Unser physischer Körper besteht aus Materie.

Um Stofflichkeit zu bewegen, brauchen wir Kraft und Information. Kraft, damit sich Materie überhaupt bewegen kann, und Information über die Richtung der Bewegung und den Ort der Bestimmung. Alles, was in der dreidimensionalen Welt existiert, ist erschaffen durch die Einheit von Kraft und Information. Die Einheit dieser beiden nenne ich innerhalb dieser Schrift *Energie*. Unser Körper besteht aus Materie, demzufolge braucht er Kraft und Information, sodass ein jedes Stück Stofflichkeit zur richtigen Zeit am richtigen Ort sein kann und dem Körper in seiner wunderbaren Komplexität und Fähigkeit erlaubt, zu funktionieren.

Daraus folgt: Damit der stoffliche Körper eines Menschen überhaupt existieren kann, ist das erforderlich, was ich den *Energiekörper* nenne, die Einheit aus Kraft und Information, die den stofflichen Körper bildet und erhält.
In dem Energiekörper sind auch all unser Denken, Fühlen, alle Erinnerungen und Prägungen aus der Vergangenheit sowie alle Möglichkeiten der Zukunft enthalten.

Es ist erwiesen, dass unser Bewusstsein unabhängig vom Körper existiert. Sollte das für Dich schwierig nachzuvollziehen sein, dann empfehle ich die Schriften von Dr. Raymond Moody, in denen er Menschen interviewet hat, deren Körper gestorben war und dann wieder zum Leben erweckt wurde. Wir sind bewusste Wesen, unabhängig davon, ob wir einen stofflichen Körper haben oder nicht.

Der physische Körper ist wie ein Mantel, den wir tragen, um am Leben auf dem Planeten Erde teilzuhaben. Schütteln wir diesen Mantel ab, sprechen wir von *Tod*. Der Energiekörper trennt sich vom physischen Körper. der dann in seine Bestandteile zerfällt, und jedes Element, aus dem seine materielle Struktur besteht, geht seiner Wege. Wir sind nicht unser stofflicher Körper, wir sind Energie und Bewusstsein und beide ziehen nach dem Verlassen unseres physischen Körpers weiter.
Über dieses Thema gäbe es noch viel zu sagen, doch an dieser Stelle möchte ich es hierbei belassen, denn das reicht für unsere Zwecke.

Zu der Zeit, in der wir noch in der Gebärmutter sind und wenn der Körper und insbesondere unser Gehirn entstehen, steht unser gesamtes System für Prägungen weit offen. Die Verschaltungen im Gehirn geschehen durch externe Stimuli. Diese Stimuli werden nicht nur durch die Sinne vermittelt, sondern auch durch die energetische Umgebung.

Bei Ersterem handelt es sich um Allgemeinwissen, daher werde ich mich kurzfassen. Wir wissen bereits, dass ein Kind, das in einer Umwelt voller verschiedener Stimuli aufwächst und dann die Möglichkeit hat, seine Welt auf eigene Faust zu entdecken, sich zu einem intelligenten Menschen mit vielen Fähigkeiten, sowohl auf mentaler als auch auf emotionaler Ebene entwickelt. Es ist auch bekannt, dass genauso gut das Gegenteil möglich ist.

Im Laufe meiner Arbeit als Therapeut habe ich begriffen, dass das energetische Umfeld, in dem Menschen aufwachsen, einen nachhaltigen Einfluss auf deren Emotionen und Denken und damit schließlich auch auf ihr Gehirn hat. Bis vor ca. neun Jahren habe ich den Umfang dieses Einflusses eher unterschätzt, bis ich die Erfahrung einer sehr speziellen Art von therapeutischer Arbeit machte.

Hast Du Dich jemals gefragt, warum so viele Menschen ihren Eltern charakterlich so ähnlich sind? Warum das, was sie in ihrem Leben tun und wie sie es tun, häufig dem ähnelt, wie ihre Eltern ihr Leben gelebt haben? Aus dem gleichen Grunde findet man dieselben Krankheiten in vielen Generationen derselben Familien. Letzteres erklärt die Wissenschaft mithilfe der Genetik. Zwar ähneln sich die Gene, das stimmt, doch man darf nicht vergessen, was ich zu Beginn dieses Kapitels erwähnt habe.
Die DNS besteht aus Materie und kann sich daher nicht selbst aufbauen. Es muss eine Kraft und eine Blaupause im Energiekörper geben, um die DNS entstehen zu las-

sen. Daraus können wir folgern und ich habe es auch beobachtet, dass das energetische Umfeld, in dem jemand aufwächst, nicht nur das Gehirn, sondern auch die Struktur seiner Gene beeinflussen kann.

Gene können sich aufgrund der Prägungen, die durch Emotionen, Gedanken und das energetische Umfeld entstanden sind, verändern. Es sieht so aus, dass dazu im Allgemeinen mehr Energie nötig ist, als für die Veränderung des Gehirns, entweder durch eine sehr starke Einwirkung, wie ein starkes emotionales Trauma, oder durch das fortwährende Ausgesetztsein derselben Information über einen längeren Zeitraum.

Zum letzteren Thema habe ich vor einiger Zeit etwas recht Amüsantes erlebt: Ich machte einen kurzen Spaziergang, als ein Mann mit einer großen Dogge an der Leine auf mich zukam. Sobald sie an mir vorbeigegangen waren, drehte ich mich um und sah sie von hinten. Mir war aufgefallen, dass der Mann beim Gehen sein Bein auf eine ganz besondere Weise bewegte und dann sah ich, dass der Hund dieses Bewegungsmuster ganz genau übernommen hatte.

Beginnen wir mit den Gedanken/Emotionen der energetischen Umwelt und ihrem Einfluss auf das Gehirn. Gehen wir dann über zur genetischen Struktur. Befindet sich das Kind im Uterus der Mutter, sind sein Energiekörper und der Energiekörper der Mutter nicht nur ganz eng miteinander verbunden, sondern sie befinden sich ineinander. Das Kind denkt und fühlt, was die Mutter denkt und fühlt, und umgekehrt.

Eines Tages kam eine schwangere Frau in meine Praxis, um sich behandeln zu lassen. Sie hatte große Angst vor der Behandlung, ohne ersichtlichen Grund, und wiederholte immer wieder:»Ich weiß gar nicht, warum ich hier bin. Ich weiß wirklich nicht, was ich hier mache.« Das war wirklich eine seltsame Situation, aber sobald sie auf der Behandlungsliege lag, verstand ich, was los war: Das Kind im Mutterleib hatte sich nicht wohlgefühlt mit der Art und Weise, wie der Körper der Mutter strukturiert war, und zwang sie buchstäblich, in meine Praxis zu kommen. Nachdem ich im Körper der Mutter die Biomechanik eingerichtet hatte, war das Kind zufrieden und die Mutter erleichtert, weil sie nun die Behandlungsräume verlassen durfte.

Dasselbe gilt für die Emotionen. Was wird beispielsweise passieren, wenn eine Mutter die Angewohnheit hat, sich um die Gesundheit ihres ungeborenen Kindes Sorgen zu machen? Dieses Gefühls- und Gedankenmuster wird eine Prägung in dem mentalen und emotionalen Körper sowie dem Gehirn des Kindes hinterlassen. Daher hat es dieselben Muster wie die Mutter, schon bevor es geboren wird. Das unentwegte monate- oder jahrelange Ausgesetztsein dieser sorgenvollen Emotion kann genügend Energie ansammeln, sodass sie eine Einwirkung auf die DNS-Struktur des Kindes haben könnte.
Stelle Dir nun vor, dass sowohl die Mutter als auch die Großmutter dieser jungen Frau an Brustkrebs verstorben sind. Sie ist nun die jüngste in der Generationenfolge und leidet unter der Angst, dasselbe könnte ihr passieren und damit wird sie schwanger. Es gibt eine bestimmte Wahr-

scheinlichkeit, dass das Kind durch den Kontakt mit dieser Energie eine Veränderung seiner DNS – angefangen in der Gebärmutter – erfährt. Damit steigt die Wahrscheinlichkeit, dass es im Laufe des Lebens Brustkrebs bekommt.

Kommen wir darauf zurück, was ich zu Beginn dieses Kapitels über den Energiekörper gesagt habe: Gene werden nach der entsprechenden Information, die im Energiekörper ist, gebildet und daher können sie sich verändern. Ebenso geht es in umgekehrter Richtung. Mit der Energiearbeit, die ich ausübe, ist es möglich, dass sich die DNS-Struktur in Richtung besserer Gesundheit wandelt.

Dieselbe Dynamik existiert für das Kind auch nach der Geburt. Insbesondere im frühen Kindesalter sind der Energiekörper und das Gehirn sehr empfänglich für Prägungen. Nach der Geburt kommt noch eine neue Dynamik hinzu, denn dann nimmt das Kind zusätzlich noch Energien, im Wesentlichen seiner beiden Eltern, auf. Auch gibt es Teile seiner Energie seinen Eltern. Ist das Kind dann erwachsen, wird diese Energie schmerzlich vermisst, ohne dass man sich dessen bewusst ist. Die bewusste Umkehrung dieser Energien ist ein Prozess, den wir im Wesentlichen in unseren *RCT Heilungsintensivs* durchführen und dann den Teilnehmern zeigen, wie sie damit allein weitermachen können.

Schauen wir uns nun an, wie die Energien, die von einem Kollektiv wie der gesamten Menschheit generiert werden, das Gehirn und die DNS beeinflussen können. Es ist wissenschaftlich bewiesen, dass Menschen nicht nur überleben, sondern sogar aufblühen können, ohne über Jahre zu trinken oder zu essen.

Da wir alle aus derselben Materie bestehen, sollten wir alle dazu in der Lage sein, oder nicht? Es gibt eine Frau namens Jasmuheen, die seit vielen Jahren Workshops gibt, wie man ohne Wasser und Nahrung auskommen kann.

Ein weiteres Beispiel ist Altern. Im Energiekörper eines jeden Menschen sind die Informationen gespeichert, wie der Körper in einem Zustand sein kann, der Krankheit und Schmerz unmöglich macht und ihn nicht altern lässt wenn er einmal ausgereift ist. Die indische Kultur kennt Menschen, die Hunderte von Jahren alt geworden sind, dort ist es nichts Ungewöhnliches.

Altern und die Notwendigkeit zu essen stellen mächtige kollektive Glaubenssätze dar, die unter fast allen Menschen verbreitet sind und damit für ein sehr starkes Energiefeld sorgen, das das Gehirn und die DNS eines jeden prägt. Dieser Einfluss ist so stark, dass Menschen verhungern können oder aufgrund hohen Alters sterben.

Möchtest Du wissen wer Du wirklich bist und was Dir möglich ist? Das ist einfach: In dem Maße in dem Du Dich von der Prägung Deiner Familie und des Kollektivs befreist, wirst Du wissen wer Du bist und wozu Du wirklich fähig bist.

31

Ich kenne noch einen anderen Weg, Dich selbst kennen-
zulernen und diesen werde ich am Ende dieses Buches
vorstellen.

Wie bereits zu Beginn erwähnt, kreieren wir unsere Erfahrungen durch Gedanken und Emotionen. Das heißt,
um unser Leben bewusst zu gestalten, müssen wir lernen, unsere Gedanken und Emotionen zu meistern. Dazu gehört unterscheiden zu lernen, was tatsächlich unsere Gedanken und Emotionen sind und was wir im Verlauf
unseres Lebens von unserer Umwelt aufgenommen haben.
Du magst denken, dass dies sehr radikale Aussagen
sind. Solltest Du dazu in Dir Reaktionen finden, lade ich
Dich ein Dir Zeit zu nehmen, diese durch Reflexion zu
ersetzen. Denke über das nach, was Du gerade gelesen
hast und erlaube dem, in Dir zu sein.

# 4. Das Ego, die Persönlichkeit und das Selbst

Fast jeder Mensch hat hier auf dem Planeten Erde zwei Aspekte von Erfahrungen. Den einen nenne ich *Ego* oder *Persönlichkeit* und den anderen *Selbst* oder *Essenz*.

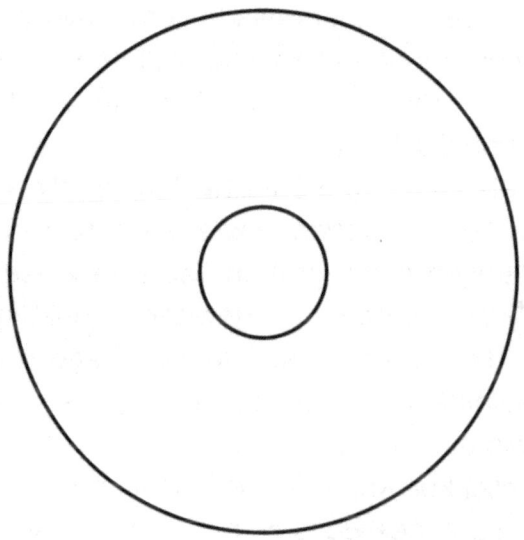

*Abb.3: Der innere Kreis repräsentiert das Ego und der äußere das Selbst.*

Das Ego definiere ich hier als den Teil von uns, den wir kreiert haben, um zu erfahren, wie es ist von allem getrennt zu sein.

Das Selbst definiere ich als *alles was ist*, es ist unser wahres Wesen, es ist das, was wir als menschliches Wesen sind.

Die Persönlichkeit definiere ich als das Vehikel, das uns erlaubt, uns auf dieser Ebene hier auszudrücken. Ihr Aufbau beginnt mit der Empfängnis, und zwar durch den Einfluss von Energien unserer Umgebung, die einen Abdruck in uns hinterlassen. Dazu kommen dann unsere Erlebnisse, oder genauer gesagt: deren Interpretation.

Wann immer Erinnerungen aus früheren Leben an die Oberfläche steigen, tragen auch diese zur Gestaltung unserer Persönlichkeit bei.

Zu guter Letzt tragen die Entscheidungen, die wir im Laufe unseres Lebens treffen sowie die daraus resultierenden Handlungen einen großen Teil zum Wesen unserer Persönlichkeit bei. Ab einem gewissen Punkt in unserem Leben ist die Persönlichkeit in der Regel mit so viel Energie aufgeladen, dass sie ein eigenes Leben und Bewusstsein entwickelt.

Die Persönlichkeit kann der vollkommene Ausdruck des Selbst wie auch des Egos sein. Das heißt, sie ist in sich weder das eine noch das andere, sondern eine Möglichkeit des Ausdrucks. Die Persönlichkeit als auch das Ego zu erziehen und zu formen ist, was wir in der *Inneren Übung* machen. Da in den meisten von uns die Persönlichkeit so gut wie deckungsgleich mit dem Ego ist, mag diese Definition irrelevant für Dich sein, jedoch wenn Du in Deiner Arbeit des inneren Übens voranschreitest, wirst Du vielleicht ab einem gewissen Punkt diese Unterscheidung schätzen.

Wie auch immer Du Dich selber beschreiben magst: Ich bin Lehrer, ich bin Vater, ich bin eine Frau, ich bin Pianist usw. – das ist Teil des Egos oder der Persönlichkeit. Dein wahres Selbst ist immer mehr als das. Alles, was als Beschreibung für Dich dient, ist nicht, wer Du bist. Dein wahres Wesen ist immer mehr als sich mit Worten beschreiben lässt.

Das Ego ist der Überzeugung, von allem was ist getrennt zu sein: *Hier bin ich, und da bist Du. Und ich bin ich, und Du bist Du. Was ich denke und fühle ist Privatangelegenheit. Ich bin für mich und anders als Du.*
Die Essenz weiß, dass es sich hierbei um eine Illusion handelt. Sie lebt in dem Bewusstsein der Einheit: *Ich bin was ich bin. Ich bin alles, was existiert. Ich bin Gott.*
Das Interessante an der Beziehung zwischen Ego und Selbst ist, dass sie rein gar nichts gemeinsam haben. Das Ego weiß nicht vom Selbst, jedoch kennt das Selbst das Ego. Da das Ego seinen Weg hat, die Realität zu sehen und zu interpretieren, kann es nie darüber hinausgehen, was es weiß. Es ist sehr wichtig die Folgen davon zu verstehen und das mag vielleicht nicht ganz einfach sein. Stell Dir Folgendes vor:

- Es gibt Dinge, von denen Du weißt, dass Du sie weißt, beispielsweise, wie man Auto fährt.
- Es gibt Dinge, von denen Du weißt, dass Du sie nicht weißt, zum Beispiel, wie man eine komplexe Differenzialgleichung löst.
- Und dann existieren noch Dinge, von denen Du nicht weißt, dass Du sie nicht weißt. Per Definition weißt Du

gar nicht, dass diese existieren. Vielleicht bist Du nicht in der Lage, ein Flugzeug zu fliegen, dennoch weißt Du, was ein Flugzeug ist und Dir ist das Konzept bekannt, dass es Leute geben muss, die es fliegen können. Ich teile das mit, um aufzuzeigen, dass es Dinge geben kann, die direkt vor Dir sind und von deren Existenz Du dennoch nicht die leisteste Ahnung hast.

Diese Dinge sind so außerhalb jeglicher Referenzpunkte in uns, dass wir ihrer nicht gewahr sein können, selbst wenn sie sich direkt vor unserer Nase befinden. Ich kann mich an die Geschichte von den ersten Seglern erinnern, die nach Polynesien kamen. Das große Boot ankerte direkt vor der eingeborenen Bevölkerung und sie konnten es nicht sehen. Sie waren sich sehr wohl der kleineren Boote gewahr, mit denen die Segler an Land kamen, weil sie für diese Referenzpunkte in sich hatten, jedoch nicht für das große Schiff.

Wie Du siehst, ist das etwas anderes, als nicht zu wissen, was Du nicht weißt. Für das Bewusstsein macht es keinen Unterschied, was sich in dieser Sphäre befindet, denn sobald es dies wüsste, wäre es nicht mehr in dem *Ich weiß nicht, dass ich es nicht weiß*.
Ich nähere mich diesem speziellen Thema von verschiedenen Seiten an, denn es ist wichtig, dass Du zumindest einen Einblick in das bekommst, wovon ich hier rede, weil das für meine Ausführungen im späteren Teil von Bedeutung sein wird.

Das Ego ist absolut davon überzeugt, dass es alles ist, was existiert. Auch dann, wenn jemand vom Selbst spricht, wird es ihm vielleicht zustimmen: *Schon richtig, ich verstehe, es ist das und das* ... Alles, was das Ego tun kann, ist das, was es hört, in sein Konzept dessen, was es weiß, einzuordnen; doch niemals wird es das Selbst sein.

Vor diesem Hintergrund kommt Dir wahrscheinlich schon der Gedanke, dass das Ego nie das Selbst kennen kann und das ist absolut richtig. Das Ego wird erst dann das Selbst kennen, wenn es zum Selbst wird. Doch dann ist es per Definition nicht mehr das Ego und daher nicht mehr durch seine früheren Grenzen eingeschränkt.

Das Ego hat keine Möglichkeit, zum Selbst zu werden, indem es sein vorhandenes Wissen nutzt. Es ist derart strukturiert, dass es auf diese Weise nicht über sich selbst und das, was es weiß, hinauswachsen kann. Dabei geht es um die Qualität, nicht die Quantität von Wissen sowie um Unterscheidungsvermögen. Zum Beispiel kannst Du einen Menschen dank Deines Intellekts einschätzen. Du kannst alle Information über diese Person zusammentragen oder Du kannst den anderen spüren. Dieses Spüren wird Dir Zugang zu Information geben, die durch die Gedanken nicht möglich ist.

Diese Sachverhalte sind schwierig in Worte zu fassen, da das, was ich Dir nahebringen möchte, bereits das überschreitet, was das Ego in der Lage ist zu verstehen. Vielleicht stellst Du fest, dass Du spontan *mitbekommst* was ich sagen möchte und dann die Bedeutung wieder verschwimmt. Um sie wieder zu *verstehen* kann es hilfreich sein, dieses Kapitel immer und immer wieder durchzulesen.

Da das Selbst alles ist, was ist, kennt es das Ego in all seinen Facetten. Wir können nicht das Bewusstsein des Egos auf das Selbst ausdehnen, jedoch vermag es das Selbst, in das Ego einzutreten. Das ist nur dann möglich, wenn es innerhalb des Egos einen leeren Raum gibt. Da das Ego absolut davon überzeugt ist, dass es alles ist, was existiert, gibt es natürlich keine Öffnung, durch die das Selbst hineingelangen kann. Das Wesen des Selbst ist außerdem so, dass es sich nichts und niemandem aufdrängt. Infolgedessen wird es nicht in das Ego hineinkommen, solange es dort keine Öffnung gibt.

Die Frage stellt sich jetzt, wie schaffen wir eine Öffnung im Ego, damit das Selbst dorthin gelangen kann? Dieser Prozess ist wahrscheinlich so alt wie die Menschheit selbst und wird *Meditation* genannt.

Der Begriff *Meditation* stammt ab von dem lateinischen Verb *meditari*. Das kann man ungefähr so übersetzen: *In die Mitte gegangen werden*. Dabei muss man bedenken, dass dies als absolut passive Bewegung gemeint ist. Es gibt nichts, was Du tun kannst, um in Deine Mitte zu gelangen. Du wirst von etwas dorthin bewegt, das völlig außerhalb Deines Bewusstseins liegt und dieses *Etwas* wird es nur dann machen, wenn es ausschließlich zu seinen Bedingungen agieren kann. Du kannst hier sehen, dass dies vollkommen mit dem übereinstimmt, was ich bereits über das Verhältnis von Ego und Selbst gesagt habe.

Das Ego kann das Selbst nicht kennen, doch weiß das Selbst alles über das Ego. Sieht das Selbst, dass Du Dich der *Inneren Übung* widmest, wird es davon angezogen, denn nun besteht mehr und mehr fruchtbarer Boden, in den es seine Samen setzen kann. Das Selbst wird auch mehr und klarer mit Dir kommunizieren, denn Du bist aufnahmefähiger und willens, alles umzusetzen, was vom Selbst kommt.

Kommunikation vom Selbst kann ganz leicht von der vom Ego unterschieden werden. Sobald Du Dir einer Kommunikation vom Selbst gewahr wirst, kann es absolut keinen Zweifel an dem Wahrheitsgehalt des Inhalts geben. Diese Kommunikation scheint auch seltsamerweise fast vollkommen frei von Emotionen zu sein. Meistens ist der Inhalt sachlich. Und fast immer geht es um etwas, das Du nicht wusstest oder das Dir nicht bewusst war. Der innere Zustand, den Du dabei erlebst, ist außerdem anders als alles, was Du bis dato gekannt hast. Ist die Kommunikation vorbei, wird das Ego alles ihm Mögliche unternehmen, um Dein Wissen um das, was gerade geschehen ist, zu zerstören. Meistens geschieht dies durch Zweifel und einen negativen emotionalen und mentalen Zustand. An all dem kann man erkennen, ob eine Kommunikation vom Ego oder vom Selbst ist.

Ich möchte betonen, dass ich das Ego und sein Wesen nicht verurteile. Meinem Verständnis zufolge ist es eine Schöpfung zum Zweck, einen inneren Zustand des Getrenntseins zu erleben.

Auf die Praxis der Meditation werde ich später noch eingehen, indem ich zwischen *Innerer Übung* und Meditation unterscheide.

# 5. Der Prozess der Transformation

In diesem Text möchte ich den Begriff *Transformation* in einem ganz bestimmten Sinne verwenden. Erinnern wir uns daran, was ich im letzten Kapitel über das Ego und das Selbst gesagt habe. Jedes Mal, wenn es für das Selbst einen Raum gibt, um in das Ego hineinzugelangen, findet Transformation statt. Das bedeutet, dass das ganze Sein sich verändert und nie wieder so wird, wie es einmal war. Dies, und nur dies nenne ich *Transformation*. Einige Beispiele werden das erläutern:

Stell Dir vor, Du hast ein altes Haus, aber Du möchtest es verändern. Du überlegst Dir, wie Du es sanieren könntest, vielleicht einige Wände herausreißen und einen Anbau anfügen, neue Fenster einsetzen etc. Im Gegensatz zur Transformation nenne ich das *Veränderung*, denn es bleibt immer noch dasselbe Haus. Würdest Du es komplett abreißen, auch die Grundmauern, allen Bauschutt entfernen und ein ganz neues Haus bauen, dann würde ich das *Transformation* nennen.

In der Natur gibt es ein wunderbares Beispiel für Transformation, nämlich die Metamorphose einer Raupe in einen Schmetterling. Zunächst webt sich die Raupe in einen Kokon ein und dann löst sich ihre ganze innere Struktur buchstäblich auf und wird amorph. Dann wird all die Materie, aus der die Raupe bestanden hat, neu organisiert, sodass ein Schmetterling entsteht. Das ist Transformation!

Transformation bedeutet nicht, dass etwas besser als vorher ist, schneller, neuer oder größer oder irgendetwas, das auch nur im Geringsten Ähnlichkeit mit dem hat, was vorher existierte. Transformation ist, dass etwas vollständig Neues entsteht, das nichts mit dem, was vorher war, gemeinsam hat.

Vor dem Hintergrund von Kapitel 4 kannst Du Dir schon denken, dass es unmöglich ist, sich selbst zu transformieren. Erinnern wir uns daran, dass es für das Ego keine Möglichkeit gibt, sich ins Selbst zu verwandeln, indem es das nutzt, auf das es bewusst Zugriff hat.
Wenn es Dein Verlangen ist zu transformieren, was kannst Du dann dazu tun? Wenn Du Dich selbst nicht transformieren kannst, warum dann überhaupt mit innerer Übung anfangen?

Stell Dir vor, Du hast einen Garten, in dem Du alle möglichen essbaren Pflanzen anbauen möchtest. Kannst Du bewirken, dass sie wachsen? Nein, die Pflanzen wachsen von allein. Was Du allerdings tun kannst, ist all den Pflanzen optimale Bedingungen zum Wachstum zu geben. Das kann entscheidend sein. Zum Beispiel versuchte eine Freundin von mir Basilikum zu ziehen. Doch es kam nicht viel dabei heraus, die Gewächse blieben klein und waren nicht zu gebrauchen. Doch dann wies sie jemand darauf hin, dass Basilikum an einem Ort stehen muss, wo er bis mittags Sonne hat und dann im Schatten steht. Sie befolgte den Rat und er wuchs immens.

Die Bearbeitung des Gartens, um das Wachstum der Pflanzen zu fördern, die wir dort haben wollen, ist im übertragenen Sinne das, was *Inneres Üben* ist, um gute Bedingungen für Transformation zu erschaffen. Transformation selbst kommt ausschließlich vom Selbst. Das heißt zum Beispiel, dass das regelmäßige Praktizieren von *Innerem Üben* keine Garantie dafür ist, dass Transformation stattfindet – es macht es auf jeden Fall wahrscheinlicher, aber nicht sicher. Stell Dir vor, dass Du Deinen Garten perfekt bearbeitest und alles wächst genau so, wie Du es willst. Und dann kommt ein Hagelsturm und zerschlägt alles. – Es gibt Dinge, die wir nicht kontrollieren können.

Du kannst Dich nicht selber transformieren, aber Du kannst optimale Bedingungen schaffen, damit Transformation stattfinden kann.

Als Nächstes möchte ich Dir die vier Schritte vorstellen, durch die meiner Beobachtung nach ein jeder hindurchgeht, wenn er bewusst daran mitarbeitet, günstige Bedingungen für Transformation zu kreieren.

**1. Schritt:**
Der erste Schritt besteht immer in dem Gewahrsein, dass etwas da ist, das Du transformiert haben willst.

Stellen wir uns einen Menschen vor, der ständig wütend ist. Er wuchs in einem Haushalt auf, in dem er nur Zorn erfuhr und das ist alles, was er kennt. Solange er ausschließlich die Emotion *Wut* kennt, wie kann da der Wunsch nach einer Veränderung entstehen? Dieser Mensch weiß noch nicht einmal, dass es etwas gibt, das sich verändern ließe, dass es eine alternative Möglichkeit für die derzeitigen Umstände gibt. In dem Augenblick, in dem dieser Person klar wird, dass es einen anderen Zustand als Wut gibt, besteht die Möglichkeit, sich in diesen Zustand hineinzubewegen.

## 2. Schritt:

Den zweiten Schritt nenne ich *Erkenntnis der Wirkung*. Nur weil sich diese Person jetzt bewusst wird, dass es auch noch einen anderen Zustand als den der Wut gibt, heißt das nicht, dass sie auch den Wunsch verspürt, sich dahin gehend zu verändern. Vielleicht hat Wut für sie bisher sehr gut funktioniert und sie sieht keinen Grund, warum sie sich davon trennen sollte. In dieser Phase wird ihr vielleicht klar, welche Wirkung der Zustand des ständigen Wütendseins auf ihr bisheriges Leben hatte. Der Mensch beginnt zu begreifen, wie dies einen Einfluss auf all seine Beziehungen, Partner, Freunde, Familie und die Arbeit hatte. Ihm dämmert, was alles möglich gewesen wäre, wäre er nicht die ganze Zeit so wütend gewesen. Dieser Gedanke schockt ihn.

Diese Erkenntnis kann zu einer sehr weitreichenden Entscheidung führen: *Nie wieder werde ich mein Leben von Wut bestimmen lassen.*

## 3. Schritt:

Der dritte Schritt besteht aus einer Entscheidung.

Nicht jeder Entscheidung folgt die Umsetzung. Häufig habe ich sehen können, wie Menschen entscheidende Erkenntnisse über die Dinge, die ihr Leben stark beeinflusst haben, hatten. Doch auch nachdem sie sich für eine Alternative entschieden hatten, blieben die entsprechenden Taten aus.
Bleibt unsere Person bei einer Entscheidung stehen, können wir davon ausgehen, dass sich sein Leben nicht sonderlich ändern wird, schnell werden die Dinge wieder so laufen, wie schon in der Vergangenheit. Sie können sich ab jetzt sogar noch verschlimmern, denn er wird die frühere Erkenntnis unterdrücken müssen, dass er und sein Leben von Wut bestimmt sind.

## 4. Schritt: Der letzte Schritt ist die Umsetzung.

Beschließt dieser Mensch, dass er AKTIV etwas ändern möchte, lernt etwa, mit seinem Zorn besser umzugehen, sucht therapeutische Hilfe, um die Wurzeln seines Ärgers zu heilen, entschuldigt sich bei den Menschen, die er durch sein Verhalten verletzt hat, wird sich sein Leben auf machtvolle und wunderbare Weise transformieren.

Diese vier Schritte sind fast wie eine natürliche Sequenz und ich habe beobachtet, wann immer Menschen durch diese mit Gewahrsein und Hingabe hindurchgehen, kann das ganz hervorragende Bedingungen für Transformation schaffen. Wird ein Schritt ausgelassen, dann findet Transformation wahrscheinlich nicht statt.

Der Grund, warum ich Dir das mitteile ist, weil ich Dich dabei unterstützen möchte zu erkennen, wo Du in bestimmten inneren Prozessen stehst, was dort wichtig ist und was Du noch brauchst, damit der Transformationsprozess weiter voranschreiten kann. Vergiss nicht: Du bist der Gärtner, nicht derjenige, der die Transformation macht. Das ist einzig und allein das Selbst.

In dem kleinen Diagramm unten kannst Du sehen, dass es für jeden Schritt noch eine weitere Qualität gibt, die nötig ist, damit Transformation geschehen kann, und das ist *Akzeptanz*.

| | |
|---|---|
| Gewahrsein | A |
| | K |
| | Z |
| Erkenntnis der Wirkung | E |
| | P |
| | T |
| Entscheidung | A |
| | N |
| Umsetzung | Z |

Die Wichtigkeit von Akzeptanz für den Prozess der Transformation Deines Lebens kannst Du nur unterschätzen.

Woran liegt das?

Ich greife zurück auf das, was ich in Kapitel 1 gesagt habe. Bleiben wir bei dem Beispiel mit der Wut. Wir haben gelernt, dass alles, was wir in unserem Leben haben, mittels Gedanken und Emotionen kreiert wird. Gedanken geben uns die Inhalte, während Emotionen sie mit der nötigen Energie versorgen. Stellen wir uns nun vor, dass dieser Mensch sich seines Zorns und welchen Einfluss dieser auf sein Leben gehabt hat, bewusst wird. Er trifft die Entscheidung, die Situation zu verändern, und macht sich auch an die Umsetzung, doch nun ist er so beschämt und hat auch Angst vor seinen eigenen Emotionen, dass er alles unternimmt, um sie zu unterdrücken.

Wie viel Energie und Aufmerksamkeit widmen wir etwas in unserem Leben, vor dem wir uns fürchten und das wir bekämpfen? Sehr viel.

Dieser Mensch mag nun sehr viel Energie darin investieren nie wieder wütend zu sein und seinen Ärger an anderen auszulassen. Das kann dazu führen, dass er eine extreme Wachsamkeit dafür entwickelt, diese Emotion aufzuspüren und in dem Moment, wenn sie aufkommt, zu unterdrücken. Da sich jetzt sehr viel Aufmerksamkeit der Wut widmet, bekommt diese sehr viel Energie und verstärkt sich dadurch. Wenn Du Dich dazu entschließt, Dich mit *Innerer Übung* zu beschäftigen, um die Transformation in Deinem Leben zu beschleunigen, ist es entscheidend, Dir über diese Dynamik klar zu werden.

Ich will eine Erfahrung mit Dir teilen, als Beispiel, was für eine Kraft dem *Annehmen* innewohnt. Vor einiger Zeit bekam ich eine Infektion der Zahnpulpa, die sehr schnell sehr schmerzhaft wurde. Da es bereits später Nachmittag war und ich auf einer Insel wohne, hatte ich keine Chance, noch einen Zahnarzt aufzusuchen. Ich dachte mir also, ich halte es mit Eiswasser durch, richtete mich auf eine schlaflose Nacht ein und beschloss, am nächsten Tag zum Zahnarzt zu gehen. Das Problem war, dass weder das Eiswasser noch die Schmerzmittel halfen, sodass der Schmerz kaum auszuhalten war. Das machte mich doch sehr unruhig, weil ich keine Möglichkeit sah, dieser Situation zu entkommen. Also tat ich das Einzige, was mir übrig blieb: Ich legte mich aufs Sofa, schloss die Augen und akzeptierte, was war. In diesem Moment verschwand der Schmerz und trat nie wieder auf.

*Verstehe die Größenordnung vollkommener Akzeptanz.*
*Wenn es Dir gleichgültig ist, ob eine bestimmte Situation oder ein Umstand für den Rest Deines Lebens so bleibt oder in der nächsten Sekunde verschwindet, dann ist das vollständiges Annehmen.*

Meiner Erfahrung nach wird sich alles, was Du auf diese Weise akzeptierst, transformieren und nie wieder so sein wie zuvor.

Zum Glück funktioniert das *Annehmen* auch Stück für Stück. Strukturell gesehen hörst Du auf, das, was Du akzeptierst, mit Energie zu versorgen, und daher fällt es in sich zusammen und wird nicht länger aufrechterhalten. Die kreative Energie, die dafür aufgewendet wurde, um es zu erschaffen, kommt zu Dir zurück und Du kannst sie benutzen, für was immer Du willst. In dem Maße, in dem Du in der Lage bist, etwas anzunehmen, wird die Energie, die dieses kreiert hat, zu Dir zurückkommen.

Wenn das geschieht, dann entstehen in der Kreation, die Du jetzt gerade annimmst, Löcher. Diese leeren Stellen sind etwas sehr Wertvolles, sie sind Orte vollkommener Freiheit, in denen Du kreieren kannst, was immer Du willst.

*Annehmen* ist der einzig mir bekannte Weg, diese leeren Stellen zu erschaffen. Solange es keine leeren Stellen in der Welt der Gedanken und Gefühle gibt, existiert kein Raum für neue Information. In den allermeisten Menschen sind diese Bereiche immer total voll und somit kann neue Information nicht hinein, sich entfalten und das Leben durch neue Gedanken, Einsichten und Handlungen transformieren.

Stell Dir in unserem Beispiel der Person mit dem Ärger vor, er würde jedes Mal, wenn der Ärger aufkommt, zu sich selber sagen: »Ich bin in Frieden. Ich bin in Frieden ...« Aus zweierlei Gründen funktioniert das in aller Regel nicht: Erstens existiert kein Raum für diese Information in ihm und zweitens benutzt er diese Sätze, um den Ärger zu unterdrücken. Somit gibt er dem Ärger Energie und kreiert mehr und mehr davon.

Jedem Gedanken, jeder Emotion, in die Du Dich auch nur im Entferntesten engagierst, gibst Du Energie. Allein die Tatsache, etwas ändern zu wollen, gibt dem, was du eigentlich ändern willst, Energie. Die einzige Möglichkeit, die mir bekannt ist, sich ganz und gar von einem Gedanken (oder einem Gefühl) zu lösen ist, ihn als das anzunehmen, was er ist, eben ein Gedanke oder ein Gefühl – nicht mehr und nicht weniger.

*Akzeptieren* ist eine Fähigkeit, die in unserem Emotionalkörper zu Hause ist. Das heißt unter anderem, dass wir diese nicht so dirigieren können wie unsere Gedanken, nämlich durch Intention oder Willenskraft. Du kannst an etwas ganz Bestimmtes denken, aber Du kannst nicht erzwingen, dass Du etwas annimmst.

Um das *Annehmen* in Gang zu bringen, finde zuerst einen Gedanken, der Dich mit dieser Qualität in Einklang bringt, zum Beispiel:

- Im Moment fühle ich … und das ist okay.
- Ich erlaube diesem Gefühl, da zu sein.
- Es ist ein Gefühl, eine Empfindung im Körper, nicht mehr und nicht weniger.
- Im Moment bin ich mir gewahr dass der Gedanke … in mir ist und das ist okay.

Finde Gedanken, die Dich mit dem *Annehmen* in Einklang bringen und dann erlaube dem *Annehmen* einfach zu geschehen.

Je öfter und je länger Du das tust, desto mehr Raum wird die Qualität des *Annehmens* in Dir einnehmen und desto leichter wird sie verfügbar sein. Auch werden Deine Gedanken dadurch trainiert, an diesen Ort zu gehen, und irgendwann werden sie das von ganz alleine machen.

Häufig höre ich Folgendes: »Aber bei mir funktioniert das nicht, ich akzeptiere dieses und jenes und es hält immer noch an!« Du kannst sehen, dass es sich hierbei nicht um *Annehmen* handelt, da das *Annehmen* nur angewendet wurde, damit sich etwas verändert. Nichtsdestotrotz kannst Du vielleicht nicht immer vollkommene Akzeptanz erreichen. Dich jedoch in diese Richtung zu bewegen, die eigenen Gedanken und Emotionen entsprechend zu dirigieren und zu erziehen, kann auch sehr wirkungsvoll sein.

- Akzeptanz läuft dem Ego zu 100 Prozent zuwider.
- Das Ego bekämpft alles. Nicht, weil es an sich schlecht ist, sondern weil dies zu seinem Wesen gehört, so haben wir es erschaffen.
- Das Ego und die Persönlichkeit können erzogen werden, denn sie wollen auch nicht leiden, und manchmal können auch sie die Schönheit des wahren Wesens erkennen.
- Um Akzeptanz zu erlernen, musst Du lernen, gegen Deine Instinkte und das, was das Ego tut, anzugehen. Das bedeutet nicht, dass Du das Ego bekämpfst. Das würde nicht funktionieren und es wäre ein Kampf, der meines Erachtens nach nicht gewonnen werden

kann, weil der Kampf das ursprüngliche Wesen des Egos ist.

- Gib dem Ego keine Aufmerksamkeit und akzeptiere es einfach als das, was es ist. Vergiss nicht, dass das Ego sich allem widersetzt; das heißt, wann immer Du auf Widerstand stößt, weißt Du daher, dass dieser vom Ego stammt und niemals vom Selbst.

Ich habe viele Menschen kennengelernt, die durch *Inneres Üben* zu keinen befriedigenden Ergebnissen gekommen sind, weil sie nicht über die Bedeutung von Akzeptanz aufgeklärt worden waren. Daher habe ich als Teil meines Unterrichts in *Innerer Übung* ein 10-Wochen-Programm zur Schulung der Akzeptanz entwickelt und die Ergebnisse sind hervorragend.

Vergiss nicht, dass Du Dein Leben ebenso wenig transformieren kannst, wie Du bewirken kannst, dass Pflanzen in Deinem Garten wachsen. Allerdings kannst Du für das Wachstum Deiner Pflanzen günstige Bedingungen schaffen und genauso gilt das auch für Transformation durch die Disziplin inneren Übens.

# 6. Das Wesen der Gedanken und Emotionen

Gedanken und Emotionen sind Energien und haben daher ihren Ursprung nicht in unserem physischen Körper. Wir spüren sie zwar dort, doch rühren sie nicht von dort her. Als Energien entspringen sie den energetischen Ebenen, die mit dem Körper durch bestimmte Schnittstellen verbunden sind, die man sich wie Antennen vorstellen kann. Die meisten Menschen sind sich ihrer Gedanken und Emotionen nur dann bewusst, wenn sie mit ihrem stofflichen Körper verbunden sind.

*Wisse, dass Du nicht das bist, was Du denkst. Du bist auch nicht das, was Du fühlst, Du bist viel mehr als das.*

Wie bereits erwähnt: Im Wesentlichen sind Gedanken und Gefühle Werkzeuge, Mittel zur Kreation.

**Denken**
Fangen wir mit dem Denken an. Da Gedanken scheinbar einfach in unserem Kopf auftauchen, sind viele Menschen der Überzeugung, dass wir mit dem Gehirn denken. Auch wissenschaftliche Untersuchungen bestätigen, dass das Denken mit spezifischen Prozessen im Gehirn zusammenhängt und kommen deshalb zu demselben Ergebnis. Ich verstehe Gedanken jedoch als Energie, die über das Gehirn mit dem Körper verbunden werden kann.

Das Gehirn ist nicht der Erzeuger von Gedanken, vielmehr ist es für diese die Empfangsantenne. Wüsste ich nichts über die Möglichkeit, Elektronen in einem Stromleiter durch sich verändernde elektromagnetische Felder, in genau dieselbe Bewegung zu versetzen, könnte ich sehr leicht zu einem ähnlichen Schluss kommen, nämlich, dass die Bewegung der Elektronen in dem Leiter, die ich beobachten kann, von dem Leiter selbst ausgelöst worden ist. Die gleiche Perspektive nimmt die Wissenschaft bezüglich der Beziehung von *Denken* in Bezug auf das Gehirn ein. Sie wissen nicht, dass es sich beim Denken um eine spezielle Energie jenseits des Elektromagnetismus handelt und daher schließen sie daraus, dass Gedanken im Gehirn entstehen.

Ein Gedanke selbst ist ähnlich wie ein Rohmaterial. Rohmaterialien haben keinen Inhalt in sich selbst. Lehm als Rohmaterial hat keine Form, kann aber dazu benutzt werden, jedwede Form herzustellen. Ähnlich verhält es sich mit Gedanken: Das Rohmaterial ist in jedem Menschen gleichermaßen als Strom von Bewusstsein vorhanden, dem man jeden Inhalt geben kann. In dem Moment, in dem man ihm einen Inhalt gibt, entsteht das, was wir einen *Gedanken* nennen.

Die meisten Menschen denken nicht, sie *werden* gedacht – durch einen endlos scheinenden Strom von Gerede, den sie nicht anhalten können. Das nennen wir *mentale Aktivität*. Bewusstes Denken ist etwas ganz anderes und sehr kraftvoll. Dafür kreierst Du zuerst einen leeren Raum in Deinen Gedanken und dann platzierst Du dort sehr bewusst einen Gedanken mit einem Inhalt Deiner Wahl, etwas, was Du in Deinem Leben haben willst. Diese Prozedur üben wir in den fortgeschrittenen Kursen des *Inneren Übens*, wenn wir uns mit *bewusster Kreation* beschäftigen.

Es ist sehr wichtig zu wissen, dass wir unsere Gedanken durch Intention oder Fokussierung ändern können.
Ich kann beschließen, mich auf eine einzige Sache zu konzentrieren, sei es darauf, eine mathematische Gleichung zu lösen, einen Film anzuschauen, mich zu unterhalten oder Auto zu fahren – was auch immer. Umzuschalten wie auch den Fokus auf einer Sache zu halten, kann durch Intention und auch Willenskraft erreicht werden. Es ist meine Entscheidung, wohin ich mein Denken lenke und auf was ich meine Aufmerksamkeit richte.
Im Allgemeinen haben erfolgreiche Menschen eine hoch entwickelte mentale Disziplin und dazu gehört die Fähigkeit zu fokussieren, wie auch den Fokus woanders hin zu lenken.
Möchtest Du eine bestimmte Denkweise durch eine andere ersetzen, ist es wichtig, das vorhandene Denken zu akzeptieren. Nur so gelingt eine Veränderung, sonst wirst Du sie am Ende nur unterdrücken, somit ihr Energie zuführen und als Folge davon sie verstärken.

*Was auch immer Du unterdrückst, dem gibst Du Aufmerksamkeit und somit Energie und als Folge davon verstärkst Du das in Deinem Leben.*

Auf dem Weg der *Inneren Übung* als Möglichkeit, Transformation in unserem Leben zu erlauben, ist es wichtig, dass Du Dich daran immer wieder erinnerst.

Der Inhalt unserer Kreationen wird von dem geliefert, was wir denken. Stell Dir nun vor, Du möchtest etwas Schönes für Dich kreieren, aber es gelingt Dir nicht, Dich ausreichend lange auf diese eine Sache zu konzentrieren, Deine Aufmerksamkeit schweift immer wieder zu anderen *wichtigen* Dingen ab und nichts geschieht. Wenn Du nur gelegentlich oder beiläufig an das denkst, was Du kreieren willst, dann wird es keinen Abdruck hinreichender Klarheit im Mentalkörper erzeugen und sich somit nicht manifestieren.

Den Fokus auf etwas zu halten ist eine Fähigkeit, die jeder, so er das will, in einem hohen Maß erlernen kann. Um Missverständnissen vorzubeugen: Um etwas zu manifestieren, ist es nicht nötig sich die ganze Zeit darauf zu konzentrieren, aber es muss Priorität in Deinen Gedanken haben, bis es sich manifestiert hat.
Die am weitesten entwickelte Konzentrationsfähigkeit habe ich bei Meistern der Kampfkünste gesehen. Allein ein kurzes Zwinkern kann ausreichen, um getroffen zu werden.

An dieser Stelle möchte ich der Erziehung und Bildung, die ich als Kind und als Jugendlicher in der Schule genossen habe, meinen Respekt zollen. Ich hatte Glück, eine der letzten humanistischen Erziehungen zu bekommen, die es zu jener Zeit an Gymnasien gab. Wir lernten gleichzeitig Sprachen, die verschiedenen Aspekte von Naturwissenschaften und Philosophie. Seinerzeit ging man davon aus, dass alles mit allem verknüpft und daher die Ganzheitlichkeit von Lernen wichtig ist. Einige meiner Lehrer hatten noch den Zweiten Weltkrieg erlebt und bestanden darauf, uns zu unabhängigen und kritischen Menschen zu erziehen, alles zu hinterfragen und nichts unbesehen zu glauben – gleichgültig, ob es um Naturwissenschaften, Philosophie oder Politik ging. Obgleich ich mich damals ständig über die Schule beschwerte, sehe ich ihren Wert heute sehr deutlich, insbesondere im Vergleich zu dem derzeitigen Schulsystem in den USA, in dem Lernen meistens darin besteht, Fakten auswendig zu lernen, um Multiple-Choice-Tests zu bestehen. Ich halte den daraus resultierenden Verfall von Kreativität, Intelligenz und Persönlichkeit für ein wichtiges Thema unserer Zeit.

Intelligenz ist nicht etwas, mit dem wir auf die Welt kommen. Sie wird durch externe Stimuli entwickelt und kann ungeachtet des jeweiligen Alters trainiert und auf der Höhe gehalten werden. Meine Mutter ist das beste Beispiel dafür: Mittlerweile ist sie in ihren 80ern, sie hat ihren Intellekt ihr Leben lang gefordert und ausgebildet und ist nach wie vor blitzgescheit.

## Emotionen

Genauso wie ein Gedanke, ist auch eine Emotion eine Energie, die ihren Ursprung in der energetischen Ebene hat. Auch sie ist mit dem Körper durch bestimmte Schnittstellen, die sich im Wesentlichen im Gehirn befinden, verbunden. Emotionen spüren wir in unserem physischen Körper als Empfindungen und Gefühle.

Emotionen sind das Salz in der Suppe des Lebens. Sie sind so ganz anders als Gedanken. Sie spielen in unserem Leben eine viel größere Rolle, als uns oftmals bewusst ist.

Zum Beispiel: Finde etwas in Dir, das Dir sehr wichtig ist, und dann stell Dir die Frage, warum dem so ist. Ich kann Dir die Antwort jetzt schon geben: Weil ein starkes Gefühl damit verbunden ist.

Woran liegt es, dass Du Dir über die Wahrheit einiger Dinge so sicher bist, obwohl Du diese empirisch nicht bestätigen kannst? Wiederum, weil ein starkes Gefühl damit verbunden ist.

Warum verfolgen Menschen eine Sache ein ganzes Leben lang mit allem, was in ihrer Macht steht? Weil sie wissen, wie es sich anfühlt, ihr Ziel zu erreichen, und genau so wollen sie sich fühlen.

Woran liegt es, dass Menschen bestimmte Verlangen haben, sagen wir ein bestimmtes Auto zu besitzen oder in einer intimen Beziehung zu sein? Es geht gar nicht um das Auto oder die Beziehung an sich, es geht um das Gefühl, dass sie haben, wenn es in ihrem Leben ist. Oftmals ist es noch nicht einmal das, sondern die Vorstellung, wie sie sich fühlen würden, wäre dieses oder jenes in ihrem Leben.

Sei Dir bewusst, dass es im Wesentlichen die Emotionen sind, die unser Leben beherrschen, nicht das logische Denken.

In der westlichen Welt ist der Fokus seit langer Zeit auf die Ausbildung der Intelligenz gerichtet, als Möglichkeit im Leben etwas zu erreichen. Wisse, dass es so etwas gibt wie *Emotionale Intelligenz*. Diese ist nicht leicht zu beschreiben. Bei *Emotionaler Intelligenz* handelt es sich um Wissen, das über logisches Denken und empirisches Wissen hinausgeht.

Woher weißt Du, wie Du eine Person in einer bestimmten Situation ansprechen musst? Das weißt Du eben ganz einfach, ohne dass dieses Wissen auf logischer Schlussfolgerung oder empirischen Fakten beruht.

Woher wissen wir in dem Augenblick, in dem wir einen Menschen sehen, dass etwas mit ihm nicht stimmt? Hierbei handelt es sich um dasselbe Phänomen: Emotionale Intelligenz.

Ich habe von Menschen gehört, die mit der Hand eine Metalloberfläche mit einer Präzision von 1/1000 Millimeter schleifen können. Die Augen sind nicht in der Lage, mit solcher Präzision zu arbeiten, diese Menschen spüren und wissen einfach, was sie tun.

Wie Du siehst, kann ich Dir Emotionale Intelligenz nicht durch logische Schlussfolgerung erläutern, sondern indem ich Dich bitte, Dich an einige Erfahrungen aus Deiner Vergangenheit zu erinnern und sie auf neue Weise zu interpretieren.

Emotionale Intelligenz kann in einem Menschen große Fähigkeiten und enorme Kraft freisetzen, wenn sie entwickelt wird. Bei vielen von uns ist sie unter traumatischen Erlebnissen aus der Kindheit und Jugend vergraben. Das

Fühlen wird dann zu schmerzhaft und somit erlauben wir dann dem Intellekt und dem Denken die Führung zu übernehmen. Sei Dir bewusst, dass all diese Traumen heilen können und das Gewahrsein der Emotionalen Intelligenz sich wieder einstellen kann; diese kann dann weiterentwickelt und ausgebildet werden.

*Emotionen können wir nicht dadurch verändern, dass wir auf etwas anderes fokussieren, so wie bei den Gedanken. Wenn wir das versuchen, führt es nur dazu, dass wir die Emotionen, die wir verändern wollen, unterdrücken.*

Probiere Folgendes aus: Du kannst Deine Gedanken auf jedes mögliche Thema lenken, einfach durch die Kraft der Intention. Versuche, in Dir auf dieselbe Weise ein Gefühl Deiner Wahl hervorzurufen, und Du wirst sehen, dass es nicht funktioniert.
Du kannst eine bestimmte Emotion dadurch hervorrufen, dass Du Dich in eine Situation in Deinem Leben zurückversetzt, in der Du Dich so gefühlt hast – das ist sehr wohl möglich. Hier ist jedoch der Gedanke die Kraft, die Dich dorthin bewegt, was dann zu dem Erlebnis dieser bestimmten Emotion führen kann.

Vergiss nicht, dass jede Erfahrung, die wir machen, von uns kreiert worden ist. Das trifft sicherlich auch auf unsere Emotionen zu. Aus der Perspektive der Energie betrachtet, können wir sagen, dass, um eine Kreation zu verändern, es nötig ist, ihr nicht länger Energie zu geben.

Sobald wir damit aufhören, wird diese Manifestation verschwinden und einen leeren Raum hinterlassen in dem wir kreieren können, was immer wir in unserem Leben haben wollen.

Wie können wir damit aufhören, eine Emotion, die wir verändern möchten, mit Energie zu füttern?
Erinnern wir uns zunächst daran, was ich über *Verdrängung* gesagt habe. Was es auch sei, das wir unterdrücken, wir geben dem Aufmerksamkeit und machen es dadurch in unserem Leben noch größer.
Um eine Emotion zu transformieren ist es wichtig,
• uns zu gestatten, sie voll und ganz zu spüren und
• zu akzeptieren, dass sie als genau das existiert, was sie ist: eine Emotion.

Für Menschen aus der westlichen Welt scheint der letzte Aspekt am schwierigsten zu sein. Ein Teil ihrer Erziehung besteht darin, Emotionen zu unterdrücken, weil diese mit Schmerzen verbunden sind und weil die Älteren mit diesem Beispiel vorangehen. Meiner Erfahrung nach ist es möglich, durch Selbstheilung und Innere Übung die Fähigkeit, vollkommen zu fühlen, wiederzuerlangen.

Frage Dich, wie viel Energie gibst Du in eine beliebige innere Situation, die Du vollkommen akzeptierst? Richtig: gar keine. Infolgedessen wirst Du sie nicht immer wieder aufs Neue kreieren oder fortsetzen, es sei denn, Du entschließt Dich bewusst dazu. Wir sind in der Lage zu bestimmen wie wir uns im Leben fühlen wollen. Das funktioniert jedoch nur unter der Bedingung, dass wir die Gefühle, die in uns präsent sind, akzeptieren und spüren. Wie oben gesagt, ist es uns möglich die Fähigkeit dazu wiederzuerlangen.

**Die Beziehung zwischen Gedanken und Emotionen:**
Gedanken können Emotionen erzeugen und umgekehrt. Wenn Du Dich zum Beispiel auf ein bestimmtes Bild konzentrierst, kann es sein, dass Du eine bestimmte Emotion spürst. Dies ist der wesentliche Grund, warum Menschen sich Pornografie anschauen.

Ebenso trifft es zu, dass, wenn wir uns auf eine bestimmte Weise fühlen, gewisse Gedanken auftreten. Dies kann beispielsweise der Fall sein, wenn Du von jemandem beleidigt wirst und das wehtut. Wir alle haben die Erfahrung gemacht, dass, solange wir dieses schmerzhafte Gefühl nicht akzeptieren, es einen Gedanken hervorrufen wird, der dazu dienen soll, den Schmerz in Grenzen zu halten. Wahrscheinlich wird das eher ein Gedanke von Wut sein und daher werden wir den anderen z. B. als *Idioten* beurteilen.

Der wichtigste Aspekt des Verhältnisses von Denken und Emotion hinsichtlich der *Inneren Übung* ist, dass sie sich gegenseitig stimulieren und verstärken können.

Kehren wir zu unserem Beispiel mit der Beleidigung zurück: Ein Gedanke, der von dem Gefühl des Schmerzes hervorgerufen werden kann, ist eine Wertung: »Dieser Typ ist ein Idiot.« Das wiederum führt dazu, dass die Emotion verstärkt wird, was dann wiederum den Gedanken verstärkt: »Ich bin mir sicher, er ist schon immer so gewesen und wird sich niemals ändern.« So geht das immer weiter.

Ich möchte an dieser Stelle betonen, wie wichtig es ist, fühlen zu lernen, ohne an die Geschichte, die mit der Emotion verbunden ist, zu denken. Diese sehr wichtige Fähigkeit in der Disziplin des *Inneren Übens* unterrichte ich in der Kursserie *Reconnective Therapy Schule des Lebens*.

# 7. Wo willst Du hin? – Die Entwicklung einer Vision

Über dieses Thema ließe sich leicht ein ganzes Buch schreiben, für unsere Zwecke hier ist es aber ausreichend, wenn ich mich auf das Wesentliche beschränke.

Worum es bei der *Inneren Übung* geht
* Zuallererst um das Verständnis, dass wir unsere Lebenserfahrungen selbst kreieren, sei es bewusst oder unbewusst.
* Dadurch kommen wir in die Lage Verantwortung für diese Kreationen zu übernehmen. Wir streben danach, uns bewusst zu werden, was uns von innen heraus bewegt.
* Dann können wir lernen, Denken und Emotionen zu meistern, um in die Lage zu kommen, bewusst zu kreieren.

Um mit der bewussten Kreation Deines Lebens beginnen zu können, musst Du Dir klar sein, wo Du hin willst in Deinem Leben.
Wonach verlangt es Dich? Möchtest Du Dich gut fühlen, gesund oder reich sein? In einer intimen Beziehung sein, viele Kinder haben? Willst Du involviert sein in die Angelegenheiten dieser Welt? Suchst Du nach Erfüllung? Möchtest Du ein ruhiges Leben führen und Meditieren, mit Dir selbst im Reinen sein, Gott erfahren? Alles, was in Dir ist, wonach es Dich wahrhaftig verlangt, kann zu Deiner Vision und somit erfüllt werden.

Eine Vision ist ein Ort, an den Du auf Deinem Lebensweg als Mensch auf dem Planeten Erde gehen willst. Sie ist wie ein Licht, ein Leuchtturm, der Dich zu sich zieht und Dir Richtung und Fokus gibt. Sie ist nicht notwendigerweise ein für alle Mal festgelegt und bleibt nicht zwangsläufig für immer unverrückbar dieselbe, bis Du diese Ebene verlässt. Sie kann sowohl einfach nur die Klarheit darüber sein, wie der nächste Schritt in Deinem Leben aussehen soll, oder etwas, das Dich für den Rest Deines Lebens begleitet. Eine Vision kann bis ins kleinste alltägliche Detail ausgearbeitet sein oder in einem breiteren Zusammenhang stehen. Ich will damit sagen, dass sie einfach alles sein kann. Der Faktor, der eine Vision definiert, ist Dein Wunsch dorthin zu gehen, das zu sein oder zu erfahren oder, falls es etwas Materielles ist, es zu besitzen.

Es ist wichtig sicherzustellen, dass Deine Vision auf nichts anderes fokussiert als die Vision selbst. Besteht Deine Vision beispielsweise aus etwas, das aus Deiner Vergangenheit kommt, dann wird die entsprechende Manifestation das fortsetzen, was schon in Deiner Vergangenheit existiert. Hast Du zum Beispiel Schmerzen in Deinem Körper, konzentrierst Du Dich instinktiv auf diesen Schmerz, infolgedessen gibst Du ihm Energie und verstärkst den Schmerz damit. Worauf fokussierst Du, wenn Du eine Vision entwickelst, um den Schmerz zu eliminieren? Genau: immer noch auf den Schmerz, Du gibst ihm somit weiterhin Energie und kreierst mehr davon. Eine Vision von einem gesunden Körper, der an

Bewegung Freude hat, ist eine ganz andere Sache. Hier liegt das Hauptaugenmerk auf Gesundheit und auf der Freude sich zu bewegen, es gibt keine Verbindung zum Schmerz.

Bei der Entwicklung einer Vision stelle Dir immer wieder die Frage: Worauf liegt Dein Fokus? Erlaube diesem Prozess, Dich tiefer und tiefer in Dein Unterbewusstsein zu bringen.

Die Manifestation Deiner Vision ist etwas, was Du kreierst. Infolgedessen ist es sehr wichtig, so genau wie möglich zu wissen, was Du willst. Um eine Vision zu entwickeln ist es nötig, in Dich hineinzuhorchen, um herauszufinden, was in Dir ist.

An diesem Punkt kehre ich noch einmal zurück zu Kapitel 4 *Ego und Selbst*. Bevor ich meinen Studenten beibringe, wie sie eine Vision entwickeln können, unterstütze ich sie dabei, wie sie lernen können zu unterscheiden, ob das, was sie innerlich antreibt vom Ego oder vom Selbst kommt.

Im Prinzip ist das ganz einfach. Alles, was aus dem Ego kommt, ist mit Angst verbunden. Entsteht ein Wunsch aus dem Ego, ist schon gleich die Angst mit dabei, dass er nicht erfüllt wird. Wenn sich das Objekt oder die Erfahrung aus diesem Wunsch manifestiert, dann entsteht die Furcht, es wieder zu verlieren. Das ist im Prinzip die grundsätzliche Funktionsweise des Egos.

Man darf nicht vergessen, dass am Ego nichts falsch ist, wir haben es erschaffen, um genau diese Funktion zu erfüllen.

Ein Wunsch, der ganz und gar aus dem Selbst kommt, trägt die absolute Gewissheit in sich, dass er unweigerlich in Erfüllung gehen wird. Damit geht eine große Freude einher, die einfach so, ohne äußeren Anlass präsent ist. Wie es bei vielen von uns der Fall ist, werden Impulse aus dem Selbst durch das Ego gefiltert, dadurch entsteht eine Mischung aus beidem oder eine Abwechslung der oben beschriebenen Zustände.

Ich werde oft gefragt, wie man denn sicherstellen könne, dass eine Vision ausschließlich aus dem Selbst entsteht und nicht aus dem Ego. Nun, das wird vielleicht nicht immer möglich sein, weil Informationen aus dem Selbst meistens durch das Ego gefiltert werden, bevor sie uns bewusst werden können. Wie bereits erwähnt, gibt es klare Kommunikation vom Selbst, jedoch ist uns diese nicht immer bewusst. Allerdings kannst Du jede Vision dem Selbst übergeben und es bitten, die Manifestation in seine Hände zu nehmen.

Wenn Du das tust, dann ist es wichtig zu lernen, Dich von jeglicher Erwartung an das Ergebnis zu lösen. Das ist die abenteuerlichste Art und Weise das Leben zu führen, die mir bekannt ist, denn wir sind dann vollständig offen für was immer die Zukunft bringen wird. Und wenn wir das zulassen, können wir im Rückblick erkennen, dass das Ergebnis besser ist als alles, was wir uns hätten vorstellen können.

Wenn Du Dich in diese Richtung bewegst, dann beginnst Du auch, eine Beziehung zum Selbst herzustellen. Diese wird stärker werden, wenn Du auf sie fokussiert bleibst und Deine Handlungen damit im Einklang bleiben.

Bitte sei Dir darüber im Klaren, dass ich Dich nicht bitte, auf eine bestimmte Weise zu kreieren. Es gibt nicht *den* einen richtigen Weg, zu einer Vision zu kommen. Ich möchte lediglich mit Dir mein Verständnis der Funktion dieser Dinge teilen, um Dir dabei zu helfen bewusster zu sein und herauszufinden, was Dich antreibt und was Du in Deinem Leben kreierst.

Bei der Arbeit an einer Vision und ihrer Manifestation ist es wichtig, sich einen weiteren Aspekt vor Augen zu führen: Beginnst Du, Dir darüber klar zu werden, was Du in Deinem Leben erleben willst, kannst Du das mit dem Moment der Empfängnis vergleichen. Ein Kind ist unmittelbar nach der Empfängnis nicht überlebensfähig, weil der Körper noch nicht entwickelt und zu schwach ist. Jede Geburt vor Ablauf der neun Monate führt dazu, dass der Körper des Babys noch nicht ganz ausgebildet und schwach ist, je früher das Kind auf die Welt kommt, desto weniger Kraft hat es.
Ähnlich ist es mit dem Gebären einer Vision. Die Geburt geschieht in dem Moment, an dem Du Deine Vision mit anderen teilst. Vergiss nicht, dass auch eine Vision einen Reifeprozess durchmacht, einer Schwangerschaft ähnlich, und genauso braucht auch eine Vision ihre Zeit, bevor sie stark genug ist, in der Welt zu überleben.
Die ersten Menschen, denen Du von Deiner Vision erzählst, sollten diejenigen sein, von denen Du sicher sein

kannst, dass sie Dich bei der Umsetzung unterstützen. Sie werden Dir bei dem Prozess zur Seite stehen, Deine Vision klarer zu sehen und zu nähren. Sobald sie in der Welt und stark genug ist, wird sie nicht nur den Stürmen des Lebens trotzen können, sondern durch diese noch stärker werden.

Nehmen wir mal an, dass Du Dich dazu entschieden hast nach innen zu gehen und eine Vision für Dich zu kreieren, Du findest in Dir eine große Leidenschaft für etwas, zum Beispiel mit einem Auto schneller als 300 km/h zu fahren. Allein der Gedanke daran erfüllt Dich mit großer Freude und Du weißt einfach, dass sich Dein Wunsch erfüllen wird.

Vielleicht ziehst Du zu Anfang die Möglichkeit an, einmal 200 km/h zu fahren, doch Du stellst fest, dass Du dann Angst bekommst. Nichtsdestoweniger hast Du immer noch die Vision, mindestens 300 km/h zu fahren.

Hier zeigt sich etwas sehr Wichtiges, das Du verstehen musst. Ich habe häufig gesehen, dass Menschen mit der Manifestation ihrer Vision nicht weiterkommen, wenn dieses Verständnis fehlt.

**Jede Reise fängt dort an, wo Du jetzt bist.**
Halte ich mich in Seattle auf und möchte nach Hawaii, muss ich mich darum kümmern, wie ich von Seattle aus dorthin komme. Ich betone dies, weil im Reich der bewussten Kreation viele Menschen ihre Reise dort beginnen möchten, wo sie eigentlich hinwollen. Das trifft insbesondere zu, wenn intensive Gefühle dabei entstehen. Ich kenne viele Menschen, die sich auf den spirituellen

Weg begeben, weil sie Frieden und Freude erleben möchten. Doch stattdessen finden sie z. B Wut, Eifersucht oder Depression in sich vor. Diese Gefühle verdrängen sie aufgrund des Missverständnisses, dass diese nicht existieren sollten, weil der Betroffene ja Frieden und Freude anstrebt. Es ist wichtig zu verstehen, dass, wenn Du Dich mit dem Ziel des Friedens und der Freude aufmachst, die Reise dort beginnt, wo Du Dich gerade befindest, nämlich in den Emotionen, die nicht Frieden und Freude sind. Diese müssen an die Oberfläche kommen, um transformiert zu werden, damit die Erfüllung der Vision von Frieden und Freude geschehen kann. Zu diesem Zweck ist es wichtig, dass Du Dir bewusst wirst, dass diese Emotionen da sind, dadurch werden sie in Dein Gewahrsein gebracht.

Ich ermuntere Dich dazu, diesen Absatz so oft zu lesen wie es nötig ist, um den Inhalt zu verstehen. Dieses Verständnis wird den Prozess, das eigene Leben bewusst zu gestalten, immens beschleunigen.

Also, vielleicht beginnt nun die Reise mit dem Ziel, 300 km/h zu fahren, an dem Punkt, sich mit der Angst schnell zu fahren zu konfrontieren und sie zu überwinden. Dies ist der Startpunkt der Reise auf dem Weg, diese individuelle Vision umzusetzen. Verdrängt derjenige diese Angst, wird er seine Vision vielleicht nie umsetzen können, weil er seine Reise nicht wirklich von dort beginnt, wo er ist, sondern von dort, wo er sein möchte. Bei unserem anderen Beispiel befinde ich mich in Seattle und möchte nach Hawaii, aber wenn ich einen Flug ab

San Francisco buche oder Honolulu, komme ich nie an meinem Zielort an.

Nehmen wir bei unserem Beispiel mit dem Automobilenthusiasten an, er habe seine Angst transformiert und nun lernt er, was es braucht, um einen Wagen 300 km/h schnell zu fahren. Er informiert sich, welche Fahrzeuge so schnell sind und wo so etwas möglich ist. Dann werden sich ihm von selbst Gelegenheiten anbieten, seine Vision zu manifestieren und so schnell zu fahren.
Vielleicht findet unser Geschwindigkeitsfan heraus, dass er das bis zum Ende seines Lebens tun möchte oder das ein oder zwei Mal ausreichen, um den Wunsch zu stillen und er wird dann eine neue Vision für sich kreieren.
Eine andere Möglichkeit wäre zum Beispiel, dass er herausfindet, nachdem er 200 km/h gefahren ist, dass es doch nicht seine Sache ist 300 km/h schnell zu fahren und. er lässt die ganze Sache fallen und entwickelt vielleicht eine andere Vision.
Bedenke, dass dies ein wichtiger Schritt ist, denn sonst hätte er an seiner ursprünglichen Vision festgehalten und sich nie auf eine andere Vision zubewegt, deren Manifestation ihm vielleicht sehr gedient hätte.

Vielleicht wirst Du feststellen, dass Du einige Wünsche erfüllen musst, bevor Du weitergehen kannst, und dass es wiederum andere gibt, die Du einfach loslassen kannst.

# 8. Bewusst Gedanken und Gefühle verändern

## Definition

- Als *Innere Übung* definiere ich den Vorgang, den eigenen Geist dahin gehend zu trainieren, besser zu fokussieren und Gedanken und Emotion darauf zu schulen, ein Muster durch ein anderes zu ersetzen.
- Als *Meditation* bezeichne ich eine Übung mit dem Ziel, innerhalb des Egos eine Öffnung herbeizuführen, damit das Selbst hineinkommen kann.

Erinnere Dich daran, dass Du nicht meditieren kannst, weil das Ego sich nicht mit dem Selbst verbinden kann, weil es das benutzt, was es kennt. Meditation geschieht von selbst. Das heißt, dass Du eher *meditiert wirst*, als dass Du meditierst. Der Einstieg in den Zustand der Meditation ist immer irgendeine Art innerer Übung, die dafür geeignet ist diesen Zustand zu erlauben. Ähnlich wie in einem gepflegten Garten, der eher Früchte bringt als ein ungepflegter, so ist es auch, dass es einem geübten Geist eher gelingt, den Zustand der Meditation zu erlauben, als einem ungeübten. Es kann auch sehr wohl geschehen, dass *Inneres Üben* direkt in einen Zustand der Meditation übergeht.

In Kapitel 2 bin ich auf den Ursprung von Angewohnheiten eingegangen. Vor dem Hintergrund dessen, was wir über das Ego und das Selbst gelernt haben, erkennen wir, dass Angewohnheiten, die uns nicht dienen, ihren

Ursprung nicht im Selbst haben, sondern dass sie immer eine Kreation vom Ego und/oder der Persönlichkeit sind.

Stellen wir uns vor, ein Mensch hat die Angewohnheit, jeden Morgen als Erstes eine Tasse Kaffee zu trinken und eine Zigarette zu rauchen. Dieses Verhalten hat Konsequenzen, beispielsweise einen negativen Einfluss auf die Gesundheit. Will derjenige also seinen Gesundheitszustand verbessern, ist es vielleicht eine gute Idee, diese Angewohnheit durch eine andere zu ersetzen, wie z. B. stattdessen einen kurzen Spaziergang machen.
Dieses einfache Beispiel illustriert, wie sich eine Angewohnheit durch eine andere, sinnvollere ersetzen lässt. Dennoch darf man nicht vergessen, dass all dies innerhalb des Reiches des Egos geschieht.

Die *Innere Übung* ist ein Weg, um die Muster und Angewohnheiten des Egos und der Persönlichkeit zu verändern, um diese für das Selbst durchlässiger zu machen. Der Wunsch, diesen Prozess überhaupt in Gang zu setzen, stammt natürlich aus dem Selbst, denn sein Wunsch ist es, jeden Aspekt menschlichen Lebens vollständig zu durchdringen und zu erhellen.

Sind der Mensch, sein Gehirn und Körper daran gewöhnt, jeden Morgen einen Kick durch Koffein und Nikotin zu bekommen und kriegen sie das nicht in der gewohnten Zeit, dann fordern sie es ein. Ebenso gilt dies für den Geist und die Emotionen. Infolgedessen ist mehr Disziplin nötig, um eine neue Angewohnheit anzunehmen, bis sich Gehirn, Körper, Geist und Emotionen daran gewöhnt haben.

Dies führt uns direkt zu den Grundregeln:

## 8.1) Grundregeln

**Struktur der *Inneren Übung***

Da Du gerade beginnst, Dich auf die Reise zu begeben, Dein inneres Funktionieren umzugestalten, ist es wahrscheinlich im Moment so, dass Deine Gedanken und Emotionen meistens das tun, was immer sie gerade wollen. Daher ist es extrem wichtig, eine klare Struktur in Deine *Innere Übung* zu bringen.

**Definiere jeden Teil Deiner Übung eindeutig:**
1. Was genau ist die Übung?
2. Über welchen Zeitraum wirst Du diese Übung machen?
3. Wie viele Minuten täglich wirst Du üben?
4. Zu welcher Uhrzeit?

**Für jedes einzelne Segment Deiner Übungen verpflichte Dich Dir selbst gegenüber, diese Übungen genau durchzuführen.**

**Versprechen:**
Ein Versprechen Dir selbst gegenüber ist es etwas sehr Kraftvolles und wenn Du das auf bestimmte Weise zum

Einsatz bringst, kann es Deinem Üben eine große Hilfe sein. Diese Art Versprechen, wenn sie in Ernsthaftigkeit gegeben sind, werden die Energie in Dir bereitstellen, die Du brauchst, um sie zu erfüllen. Es ist wichtig Deine Versprechen zu erfüllen, denn wenn Du das nicht machst, wird Dich das schwächen. Wenn Du sie jedoch erfüllst, dann wird Dich das stärken und das nächste Mal kannst Du dann Größeres angehen.

Es ist keine gute Idee, Dich innerlich zu mehr zu verpflichten, als Du erfüllen kannst, wie es oftmals bei den Neujahrsvorsätzen geschieht. Auf der anderen Seite sollte es für Dich auch eine Herausforderung darstellen und darf nicht zu einfach sein, weil sonst kein Trainingseffekt entsteht. Zum Beispiel beim Trainieren mit Hanteln sind zwei Kilo Gewicht für die meisten eher nichts, doch 100 Kilo Gewicht können schon viel zu viel sein und dem Körper eher schaden als guttun.

Zum Beispiel: *Ich verpflichte mich mir selber gegenüber dazu, meine Gedanken 2 Wochen lang jeden Tag für 20 Minuten zu beobachten, außerdem im Laufe des Tages alle 2 Stunden für 1 Minute. Die 20-Minuten-Übung beginne ich um 5 Uhr morgens.*

Deine Verpflichtung kann alle möglichen Formen annehmen, sei kreativ! Wenn Du beim obigen Beispiel schon weißt, dass Du keine zwei Wochen lang durchhältst, lege Dich auf weniger fest oder räume Dir ein oder zwei Tage Pause ein, an denen Du nicht übst.

## Kontinuität ist entscheidend

Das absolute Minimum, was es an *Innerer Übung* braucht, damit sich im Gehirn etwas verändert, sind 20 Minuten täglich an einem Stück für eine Dauer von mindestens zwei Wochen.

Es ist wie mit Sport.: Wenn Du Dir vornimmst, jeden Tag für 30 Minuten ins Fitnessstudio zu gehen und es die ersten 5 Tage nicht schaffst, dafür aber am 6. Tag 3 Stunden trainierst, um die ersten Tage wieder aufzuholen, wirst Du statt des erhofften Trainingseffekts nur Muskelkater bekommen.

## Zeitpunkt für die Innere Übung

Mache Deine Übungen am besten früh am Morgen, bevor alle anderen aufstehen. Zu dieser Zeit sind die energetischen Räume der Gedanken und Emotionen viel ruhiger, als wenn alle schon aufgestanden und aktiv sind. 5:00 Uhr morgens oder noch früher ist dafür ein guter Zeitpunkt. Für manche Menschen ist es aus verschiedenen Gründen nicht möglich, die Übung frühmorgens zu machen. Wenn dem so ist, finde eine Zeit, die für Dich paßt.

## Ort für Deine Innere Übung

Wenn möglich, führe Deine Übungen immer zur selben Zeit und am selben Ort aus. Das ist hilfreich, weil wir unser Gehirn, unsere Gedanken und unsere Emotionen umerziehen. Auf gewisse Weise führen diese ein Eigenleben. Sobald sie sich an eine bestimmte Uhrzeit und Ort gewöhnt haben, wissen sie dann, was zu geschehen hat, und das macht alles viel leichter.

Stelle sicher, dass Du bei Deinen Übungen ungestört bist. Widme diese Zeit nur Dir selbst, sei unerreichbar, schalte Dein Telefon etc. ab. Die Zeiten Deiner Übungen sollten allen heilig sein und respektiert werden. Vielleicht möchten die anderen ja irgendwann einmal Deinem Beispiel folgen und auch üben.

## Körperhaltung während der Übung

Richte Dich im Schneidersitz aufrecht auf. Verzichte wenn möglich auf eine Stütze für den Rücken. Je niedriger diese Stütze ist und je mehr sich Dein Oberkörper frei bewegen kann, desto besser. Das ist wichtig, denn in dieser Haltung, wenn der Oberkörper sich frei bewegen kann, wird das Gehirn auf bestimmte Weise mit in die Übungen einbezogen und entsprechend stimuliert. Außerdem kann während der Übung die Energie besser die Wirbelsäule auf und ab fließen.

Stelle sicher, dass Dein Körper entspannt ist. Das ist sogar noch wichtiger als die Haltung. Wenn sich Dein Körper an manchen Stellen verspannt, wird dies ständig Deine Aufmerksamkeit auf sich ziehen und damit die Übung stören.

## Erweitere Deine *Innere Übung* auf den ganzen Tag

Erweitere Deine Übung auf den ganzen Tag, indem Du Dir einen Wecker stellst, der Dich alle ein bis zwei Stunden daran erinnert, die Übungen vom Morgen für eine Minute wieder aufzunehmen. Dies wird den Effekt der

Übung deutlich verstärken und den Umlernprozess Deiner inneren Abläufe sowie Deiner Transformation beschleunigen.

## 8.2) Übungen

In diesem Kapitel gebe ich Dir Anfänge, von denen aus Du in das Innere Üben einsteigen kannst. Ich schlage vor, dass Du die bereits erwähnten Grundprinzipien für jede dieser Übungen anwendest.

Entdeckst Du, dass Du Dich eingehender mit *Innerer Übung* und/oder Meditation beschäftigen möchtest, empfehle ich Dir, dass Du Dir einen Lehrer suchst, dann wirst Du schneller Fortschritte machen. In Anwesenheit eines Lehrers befindest Du Dich im Energiefeld dieser Person. Dadurch werden die Fähigkeiten zum Üben viel schneller in Dir geweckt. Diesen Prozess nenne ich *energetische Osmose*. Das bedeutet, dass die Fähigkeiten Deines Lehrers in seinem Feld sind und die in Dir schlummernden Fähigkeiten wecken. Darüber hinaus gibt es dann jemanden, der ein Auge auf Dich hat und die Übungen Deinen jeweiligen aktuellen Bedürfnissen anpassen kann.

Entschließt Du Dich, den Übungen wie unten beschrieben zu folgen, um einen Eindruck davon zu bekommen, was das bei Dir bewirkt, empfehle ich Dir, in genau der numerischen Reihenfolge vorzugehen.

Besorge Dir ein Notiz- oder Tagebuch. Dieses Buch wird Dein Begleiter in Deinem Prozess des Gewahrwerdens sein. Während der Zeit, in der Du Dich dem *Inneren Üben* verpflichtest, schreibe dort hinein was Dir bewusst wird und was für Dich Bedeutung hat. Mache das aber nicht, während Du mitten in einer Übung bist.

Diese Art Tagebuch zu führen kann sehr wertvoll sein, da die neu aufkommenden Gedanken und Einsichten realer für Dich werden, wenn Du sie aufschreibst, und sich das dann alles besser in Dir verankern kann und eher für Dein tägliches Leben zur Verfügung stehen wird.

Ich empfehle, dass Du nicht elektronische Geräte dafür verwendest, sondern mit der Hand schreibst. Das hat einen kraftvolleren Einfluss auf Dein gesamtes System.

*Der Erfolg im Inneren Üben wird nicht daran gemessen, wie leicht Dir die Übungen von der Hand gehen, sondern daran, wie weit Dein Bewusstsein sich durch sie erweitert.*

Wie bereits in Kapitel 1 erwähnt, kreieren wir unsere Erfahrungen auf dem Planeten Erde durch unsere Gedanken und Gefühle. Daher ist es nur sinnvoll – wenn wir den Wunsch verspüren, unser Leben bewusst zu gestalten –, dass wir damit anfangen, unsere Gedanken und Emotionen zu meistern. Wir beginnen mit den Gedanken, danach fällt es dann leichter, mit den Emotionen weiterzumachen.

## 1. Übung

Die erste Übung beginnst Du damit, dass Du Deine Aufmerksamkeit nach innen lenkst, um gewahr zu werden, was dort ist. Beobachte. Erlaube all dem, was immer Du in Dir vorfindest, zu sein. Da sind vielleicht Gedanken, Gefühle, Körperempfindungen in all ihrer Vielfalt. Erlaube all dem einfach zu sein, urteile nicht, engagiere Dich nicht, arbeite nicht damit, versuche sie nicht zu verändern, sei einfach nur. Solltest Du z. B. finden, dass Du Dich selber verurteilst, weil Dir das schwerfällt, dann sei auch damit.

Setze Dich hin, die Beine untergeschlagen, der Rücken ist gerade und der Körper entspannt. Schließe Deine Augen und lenke Deine Aufmerksamkeit nach innen.

Schau einfach, was da ist. Vielleicht gibt es da alle möglichen Gedanken – angenehme Gedanken, unangenehme Gedanken, realistische Gedanken, unrealistische Gedanken, wirklich seltsame Gedanken ...
Vielleicht wirst Du gewahr, dass alle möglichen Emotionen in Dir sind.
Erlaube all dem einfach, da zu sein.
Bewerte es nicht und schalte Dich nicht ein.
Erlaube all dem zu kommen und zu gehen.
Du bist der Beobachter Deiner Gedanken und Deiner Gefühle. Du bist nicht die Gedanken und Gefühle selbst.
Stell Dir vor, Du sitzt am Ufer eines Flusses. Das Wasser, das an Dir vorbeifließt, sind Deine Gedanken und Gefühle. Erlaube dem Wasser zu kommen und zu gehen.
Hin und wieder wirst Du feststellen, dass Du mit Deinen Gedanken wanderst. Wenn Dir dies bewusst wird, bringe

Dich wieder zurück an den Ort in Dir, von dem aus Du Deine Gedanken und Gefühle beobachten kannst.

Es ist nicht wichtig, wie oft Deine Gedanken wandern, sondern dass Du Dir schneller und immer schneller bewusst wirst, wann das geschieht, und Du Dich wieder zum Beobachten zurückbringst.

**Mache diese Übung jeden Morgen für 20 Minuten, wenn möglich zur selben Zeit und am selben Ort.**
**Im Verlauf des Tages:**
Während des Tages lass Dich von einem Wecker alle ein bis zwei Stunden daran erinnern, diese Übung eine Minute lang zu machen.

**Zeitspanne:**
Mache diese Übung mindestens zwei Wochen lang.

Nachdem Du Deine Verpflichtung erfüllt hast, schau was für neues Gewahrsein Du hast und gehe ggf. eine neue Verpflichtung mit Dir selber ein.

## 2. Übung
Die zweite Übung besteht darin, dass Du Dir dessen gewahr wirst, was in Deinen Gedanken ist.

Setze Dich hin, die Beine untergeschlagen, der Rücken ist gerade und der Körper entspannt. Schließe Deine Augen und lenke Deine Aufmerksamkeit nach innen.

Schau einfach, was an Gedanken in Dir ist. Vielleicht gibt es da alle möglichen Gedanken: angenehme Gedanken, unangenehme Gedanken, realistische Gedanken, unrealistische Gedanken, wirklich seltsame Gedanken ...
Erlaube den Gedanken, einfach da zu sein.
Bewerte sie nicht und schalte Dich nicht ein.
Erlaube ihnen, zu kommen und zu gehen.
Du bist der Beobachter Deiner Gedanken, Du bist nicht die Gedanken selbst.
Stell Dir vor, Du sitzt am Ufer eines Flusses. Das Wasser, das an Dir vorbeifließt, sind Deine Gedanken. Erlaube dem Wasser zu kommen und zu gehen.
Manchmal mag es geschehen, dass Du gar nichts denkst, das ist okay.
Hin und wieder wirst Du feststellen, dass Du mit Deinen Gedanken wanderst. Wenn Dir dies bewusst wird, bringe Dich wieder zurück an den Ort in Dir, von dem aus Du Deine Gedanken beobachten kannst.

**Wiederhole diese Übung jeden Morgen 20 Minuten lang, wenn möglich zur selben Zeit und am selben Ort.**

**Im Verlauf des Tages**:
Lass Dich von einem Wecker alle ein bis zwei Stunden daran erinnern, diese Übung eine Minute lang zu wiederholen. Beobachte, was an Gedanken in Dir ist.

**Zeitspanne:**
Mache diese Übung mindestens zwei Wochen lang.

Nachdem Du Deine Verpflichtung erfüllt hast schau, was für neues Gewahrsein Du hast und gehe ggf. eine neue Verpflichtung mit Dir selber ein.

### 3. Übung

In der dritten Übung geht es darum, Deine Gedanken zu akzeptieren.
Setze Dich hin, die Beine untergeschlagen, der Rücken ist gerade und der Körper entspannt. Schließe Deine Augen und lenke Deine Aufmerksamkeit nach innen.

Mache alles genauso wie in der vorigen Übung, nur diesmal liegt der Schwerpunkt darauf, die Gedanken in Dir zu akzeptieren.
Um jeglichem Missverständnis vorzubeugen: Das heißt nicht, dass Du den Inhalt Deiner Gedanken als richtig akzeptierst, sondern einfach nur die Gegenwart eines jeden Gedanken annimmst.

**Wiederhole diese Übung jeden Morgen 20 Minuten lang, wenn möglich zur selben Zeit und am selben Ort.**

**Im Verlauf des Tages:**
Lass Dich von einem Wecker alle ein bis zwei Stunden daran erinnern, diese Übung eine Minute lang zu wiederholen.

**Zeitspanne:**
Mache diese Übung mindestens zwei Wochen lang.

Nachdem Du Deine Verpflichtung erfüllt hast schau, was für neues Gewahrsein Du hast und gehe ggf. eine neue Verpflichtung mit Dir selber ein.

## 4. Übung

Von jetzt an werde ich nicht mehr wiederholen, was für jede Übung gleich bleibt. Wenn Dir etwas diesbezüglich nicht klar ist, schau noch einmal Übung 1–3 an.

Die 4. Übung nennen wir *Freiheit innerhalb von Gedanken*. Sie besteht aus 3 Schritten.

Erinnere Dich daran, dass Du Deine Gedanken nicht so verändern kannst, wie Du es gewohnt bist, Dinge im Stofflichen zu verändern. Solange Du ihnen Aufmerksamkeit gibst, gibst Du ihnen Energie und kreierst sie nach wie vor. Durch das *Annehmen* eines Gedanken erschaffst Du einen leeren Raum, in dem Du kreieren kannst, was immer Du willst.

Werde Dir Deiner Gedanken bewusst, suche Dir einen Gedanken aus und gehe mit diesem Gedanken durch die folgenden 3 Schritte:

Schritt 1:
Nimm zur Kenntnis, dass ein bestimmter Gedanke präsent ist, zum Beispiel: *Im Moment ist ein Gedanke in mir, der sagt, ich sei unwürdig, mein Leben in finanzieller Fülle zu leben.*

Schritt 2:

Annehmen: *Ich nehmen an, dass dieser Gedanke im Moment in mir ist.*

Bleibe beim *Annehmen*, bis Du gewahr wirst, dass die Qualität dieses Gedankens sich verändert. Es kann sein, dass er leichter wird, weniger intensiv oder auch ganz verschwindet. Das heißt, dass durch das *Annehmen* die Energie, die diesen Gedanken kreiert hat, anfängt zu Dir zurückzukommen und somit ein leerer Raum in ihm entstanden ist. Dann gehe zu Schritt 3.

Schritt 3:

Fülle den leeren Raum mit einem Gedanken Deiner Wahl. Wähle eine Qualität, die Du in Deinem Leben haben willst, wie zum Beispiel *Freude*, und kreiere einen Gedanken, der damit in Einklang steht. Denke diesen Gedanken langsam und präzise und erlaube Dir auch, die Emotion zu fühlen, die vielleicht damit einhergeht. Zum Beispiel: *Ich genieße es, mit meiner Frau zu Abend zu essen.* Behalte diese Qualität mindestens zwei Wochen bei, sodass Du die Erfahrung machen kannst, wie sich diese Qualität in Deinem Leben ausdehnt. Es ist nicht wichtig, dass der neue Gedanke irgendeinen Bezug zu dem Gedanken hat, den Du vorher angenommen hast.

Nimm 4 bewusste Antemzüge und fange wieder von vorne an.

Wiederhole diese Übung alle 1–2 Stunden für einen Zyklus.

Es ist auch sehr effektiv, diese Übung während des Tages immer dann zu machen, wenn immer eine Situation auftaucht, die danach verlangt.

## 5. Übung

Werde Dir Deiner Gefühle bewusst.

Nimm einfach zur Kenntnis, was Du im Moment fühlst.
Lerne zu unterscheiden, wann Du über Gefühle nachdenkst oder tatsächlich fühlst.
Lerne Gefühle voneinander zu unterscheiden.
Arbeite nicht mit Deinen Emotionen, versuche nicht sie zu verstehen oder zu ändern.
Sei Dir bewusst, dass Emotionen Empfindungen in Deinem Körper sind und doch sind sie etwas anderes als Empfindungen, die der Körper produziert, wie z. B. Schmerz.
Emotionen tauchen in dem Bereich zwischen dem Hals und dem unteren Becken auf.
Wann immer Du merkst, dass Du mit Deinen Gedanken wanderst, bringe Dich zurück in die Position des Beobachters und werde Dir wieder bewusst, was Du fühlst.
Manchmal magst Du gar nichts fühlen und das ist okay.
Verstehe, dass Du der Beobachter Deiner Emotionen bist und nicht die Emotionen selber.
Lerne niemals zu sagen oder zu denken *Ich bin*, wenn es um Emotionen geht. *Ich bin* ist eine Aussage großer kreativer Kraft. Du bist nicht, was Du denkst oder fühlst. Sage oder denke statt dessen: *Im Moment fühle ich ...* oder: *Im Moment ist in mir eine Emotion von ...*

**Wiederhole diese Übung jeden Morgen für 20 Minuten**

**Im Verlauf des Tages:**
Lass Dich von einem Wecker alle ein bis zwei Stunden daran erinnern, diese Übung eine Minute lang zu wiederholen. Werde Dir bewusst, was Du fühst.

### 6. Übung
Akzeptiere Deine Emotionen.

Mache die Übung auf dieselbe Weise wie die 5., doch hier liegt der Fokus darauf, das zu akzeptieren, was Du fühlst.

**Wiederhole diese Übung jeden Morgen für 20 Minuten.**

**Im Verlauf des Tages:**
Lass Dich von einem Wecker alle ein bis zwei Stunden daran erinnern, diese Übung eine Minute lang zu wiederholen.

### 7. Übung
Die 7. Übung nennen wir *Freiheit innerhalb von Emotionen.*

Beginne wie in der 5. Übung, sodass Du Dir der Emotionen, die in Dir präsent sind, gewahr wirst. Suche Dir eine Emotion aus und gehe mit dieser durch die folgenden 6 Schritte.

Schritt 1. Zur Kenntnis nehmen:
Sei Dir der Emotion gewahr, die jetzt in Dir präsent ist, zum Beispiel: *In diesem Moment fühle ich Ärger.*

Schritt 2. Willkommenheißen:
Erlaube Dir, diese Emotion so vollkommen wie möglich zu fühlen. Dabei kann es hilfreich sein, sich ausschließlich auf die körperliche Empfindung zu konzentrieren.

Schritt 3. Emotion und Geschichte:
Jedes Mal, wenn Du in Deine Gedanken und/oder die Geschichte dieser Emotion gehst, bringe Dich dahin zurück, einfach nur zu fühlen.

Schritt 4. Annehmen:
Nimm die Emotion an, so gut wie es geht.
Wann immer Du Dir gewahr wirst, dass diese Emotion sich verändert, weniger intensiv ist, leichter, dann hast Du durch das *Annehmen* einen leeren Raum innerhalb dieser Emotion kreiert. Wenn das der Fall ist, gehe zu Schritt 5.

Schritt 5. Dieses Gefühl ich nicht, wer ich bin:
Sage zu Dir selbst: *Dieses Gefühl ist nicht wer ich bin.*

Schritt 6. Fülle den leeren Raum:
Wähle eine Qualität, die Du in Deinem Leben haben willst, zum Beispiel *Freude*, und behalte diese für mindestens 2 Wochen bei. Kreiere bewusst ein Gefühl der Freude dadurch, dass Du Dich an eine Situation erinnerst, in der Du Freude empfunden hast. Erlaube dieser Emotion, sich in Dir auszubreiten.

Nimm 4 bewusste Atemzüge und dann beginne wieder von vorne.

Wegen der Komplexität dieser Übung kann es sein, dass es eine Weile dauert, bis Du das einigermaßen hinbekommst. Wie immer macht auch hier Übung den Meister

Sei Dir bewusst, dass das menschliche System eine reine Emotion ohne denken für nicht länger als 90 Sekunden aufrechterhält. Das heißt, dass, wenn Du einmal etwas Übung damit hast, dann sollte diese Übung nicht länger als zwei Minuten dauern.

Stelle einen Wecker für jede Stunde oder alle zwei Stunden und mache diese Übung einen Zyklus lang.

Es ist auch sehr effektiv, diese Übung immer dann während des Tages zu machen, wenn Deine innere Situation es erfordert.

*Ich habe gesehen, dass sich das Leben vieler Menschen einfach nur durch das konsequente Üben dieser Praktiken von Grund auf transformiert hat.*

Das bewusste Kreieren der Erfahrung Deines Lebens beginnt mit dem Verständnis, dass Du diese erschaffst, durch Deine Gedanken und Gefühle. Das heißt, der erste Schritt in diese Richtung ist die Meisterung der Gedanken und Gefühle.

Ich habe Dir alles gegeben, was Du wissen musst, zusammen mit sieben grundlegenden und sehr kraftvollen Übungen, um diesen Prozess zu beginnen und die Kraft des *Inneren Übens* in Deinem Leben zu erfahren.

Solltest Du irgendwann einmal festsitzen in diesem Prozess, finde einen Lehrer oder Mentor, jemand, der diesen Weg bereits gegangen ist und der Dir die Hilfe geben kann, die Du brauchst. Ich habe gelernt, wie leicht das geschehen kann, auch ohne dass wir das merken, daher habe auch ich einen Lehrer.

All das ist erst der Anfang für Dich, zu erleben, was eigentlich in Dir steckt und zu was Du in Wahrheit fähig bist. Wie dem auch sei, wenn Du einen Tretroller fährst, dann kannst Du damit nicht viel Schaden anrichten. Etwas ganz anderes ist es, wenn Du einen Sportwagen mit 600 PS oder einen 38-Tonner fährst. Folglich hast Du dann eine ganz andere Verantwortung und musst lernen mit diesen umzugehen, bevor Du Dich ans Lenkrad setzt. Es ist das Gleiche mit der Kraft, die in Dir freigesetzt werden kann. Zusammen mit der Entdeckung dieser Kraft musst Du auch lernen, damit verantwortungsvoll umzugehen. Aus diesem Grund werde ich Dir hier nicht mehr Übungen an die Hand geben, da ich diese nur persönlich unterrichte.

Wenn Du Obiges mit Gewahrsein und Genauigkeit anwendest, kann es Dich an Orte bringen, von denen Du vorher nicht einmal träumen konntest.

# 9. Hingabe

Fast alles, was ich bis hierher mit Dir geteilt habe, ist darauf ausgerichtet, das Ego und die Persönlichkeit dahin gehend auszubilden, dass in ihnen mehr Fokus und Klarheit ist, dass sie von höherer Schwingung sind, sodass sie durchlässiger für das Selbst werden können.

Wie wäre es, wenn wir, anstatt die Persönlichkeit Schicht um Schicht abzutragen, uns direkt in das Selbst begeben? Dann sähen wir das Ego als das, was es ist, und ließen ihm die Aufmerksamkeit angedeihen, die wir einem Hintergrundgeräusch widmen würden, wenn wir eigentlich der Musik unserer Wahl zuhören.

Ja, das ist meiner Erfahrung zufolge möglich, doch nur wenige Menschen entschließen sich, diesen Weg einzuschlagen.

Manchmal gelangen Menschen zu tiefgründiger Einsicht in das Wesen des Göttlichen und halten daran mit aller Macht fest. Nichts schmeckt ihnen mehr außer Gott, sie haben kein Verlangen mehr, außer mit Gott zu sein, und sie richten alles in ihrem Leben danach aus mit dem, was sie als Gott erkennen, in Einklang zu sein. Ihre Umwelt nimmt sie als seltsam wahr, denn fast alle sind zu 100 Prozent von ihrem Ego angetrieben. Doch diese Menschen machen dieses Spiel nicht mehr mit, weil es für sie keine Bedeutung mehr hat.

Dieser Weg ist absolut, es ist die totale Hingabe an Gott, an das Göttliche, wie auch immer es sich Dir offenbaren mag. Wenn Du Dich auf diese Reise begibst, wird alles was Du kennst verschwinden und durch eine Welt ersetzt werden, die das Ego nicht kennt.

Wie dem auch sei, es ist möglich, dass einige Qualitäten dieses Weges die Dichte des Egos durchdringen und daher unser Verständnis für einen Augenblick erhellen und einen Funken hinterlassen, der als Leuchtfeuer den Weg in die Zukunft weist.

Erinnere Dich daran, dass wir über Akzeptanz gesprochen haben. Was immer Du akzeptierst, wird von Dir nicht mehr mit Energie versorgt und da es dann nicht mehr kreiert wird, hört es auf zu existieren.

Akzeptanz ist der kleine Bruder von Hingabe.

Akzeptanz bezieht sich auf ein bestimmtes Thema oder Problem, während es sich bei Hingabe um einen Zustand handelt, in dem Du Dich nichts mehr widersetzt.

Meine Lehrerin, eine erleuchtete Meisterin, sagte einmal: *Wenn Du alles, was in Deinem Leben ist, akzeptierst, dann wirst Du erleuchtet sein.* Als *Erleuchtung* definiert sie einen inneren Zustand, aus dem das Ego verschwunden ist.

Wiederum sind wir bei Akzeptanz. Ohne Akzeptanz gibt es keine Transformation, sie ist der Schlüssel zur Transformation. Es ist so wichtig, sich immer wieder diese einfache Wahrheit ins Gedächtnis zu rufen und sich dazu zu erziehen, sich immer häufiger an sie zu erinnern.

In ihrer Totalität wird sie zur Hingabe.

Mache Dir klar, dass Akzeptanz nicht gleichbedeutend mit Resignation ist, das wäre nämlich die Version des Egos.

Du möchtest Gott kennen? Akzeptiere das, was ist. Alles, was Du in Dir findest oder in dem Spiegel Deines Inneren, Deiner äußeren Welt: akzeptiere es. Widerstand hat seine Wurzeln im Ego, Akzeptanz im Selbst.

Die Schönheit des Lebens, die alles als *Gott* betrachtet, ist für Dich greifbar durch den Weg der Akzeptanz, die schließlich in ihre Totalität mündet: Hingabe.

Wenn Dein wahrhaftiges Verlangen Selbsterkenntnis ist, ziehe einen erleuchteten Meister an, in Dein Leben zu kommen. Niemand kann Dich auf Deinem Weg durch die Stromschnellen und Fallen der Ego-Welt besser unterstützen als ein erleuchteter Meister. Niemand kann Dir die Essenz Deines Selbst, nämlich reine Göttlichkeit, besser zeigen als ein erleuchteter Meister. Du bist Gott in Deiner reinen Essenz und nur die Erinnerung daran wird Dir Frieden geben und Deine Suche nach dem, was sich in Worten nicht ausdrücken lässt, beenden.

In Liebe


Herwig Schön

# Autoreninformation

Herwig Schön, geboren 1958 in Scheeßel, Niedersachsen, ist seit 1989 als Heilpraktiker tätig.

Bis 1998 lag sein Schwerpunkt auf der klassischen Homöopathie.

Von 1995 bis 1998 lernte er am Upledger Institut Cranio-Sacral-Therapie und parallel dazu integrative manuelle Therapie beim „Dialogs in Contemporary Rehabilitation„ (DCR) in Deutschland und den USA.

Herwig Schön entwickelte die Reconnective Therapy.

Er lebt zurzeit in Langley in der Nähe von Seattle in den USA. Zusammen mit seiner Frau Kerstin bietet er Behandlungen, Ausbildungen in Reconnective Therapy, Praktiken zur Bewussteineserweiterung sowie Arbeit mit Unternehmen sowohl in den USA als auch in Europa an.

Zu erreichen ist Herwig Schön unter
    Reconnective Therapy
    5326 Mina Lane
    Langley, WA 98260
    +1 (360) 321 1207
    info@reconnectivetherapy.com
    www.reconnectivetherapy.com

Zeitfracht Medien GmbH
Ferdinand-Jühlke-Straße 7
99095 Erfurt, Deutschland
produktsicherheit@kolibri360.de